一天一个小成语
斗转星移长知识
让成语的一个个点
连成古文的一片海

一天一个成语 卷四

主　　编：夫子

本册主编：范丽

编　委：
范丽　雷蕾
李颖　刘佳
毛恋　唐玉芝
邱鼎淞　王惠
吴翩　向丽琴
徐凤英　晏成立
阳倩　曾婷婷
张朝伟　周方艳
周晓娟

山东教育出版社

图书在版编目（CIP）数据

一天一个成语 . 卷四 / 夫子主编 . — 济南：山东
教育出版社，2021.8
ISBN 978-7-5701-1800-7

Ⅰ . ①一… Ⅱ . ①夫… Ⅲ . ①汉语－成语－青少年读
物 Ⅳ . ① H136.31-49

中国版本图书馆 CIP 数据核字 (2021) 第 155002 号

YI TIAN YI GE CHENGYU　JUAN SI
一天一个成语　卷四　　夫子　主编

主管单位：山东出版传媒股份有限公司
出版发行：山东教育出版社
　　　　　地址：济南市市中区二环南路 2066 号 4 区 1 号
　　　　　邮编：250003　电话：（0531）82092660
　　　　　网址：www.sjs.com.cn
印　　刷：山东彩峰印刷股份有限公司
版　　次：2021 年 8 月第 1 版
印　　次：2021 年 8 月第 1 次印刷
开　　本：720 mm×1020 mm　1/16
印　　张：10
印　　数：1—10000
字　　数：180 千
定　　价：36.00 元

（如印装质量有问题，请与印刷厂联系调换）
印厂电话：（0536）8311811

目　录

卷
四

投鼠忌器
tóu shǔ jì qì

里谚曰:"欲投鼠而忌器。"此善谕也。鼠近于
器,尚惮不投,恐伤其器,况于贵臣之近主乎!

——《汉书》

成语释义 要打老鼠又怕打坏了它旁边的器物。比喻想打击坏人而又有所顾忌。

造　句 花上有虫子,我想去喷点药,却又投鼠忌器,怕伤了花。

近义词 瞻前顾后　束手束脚

反义词 肆无忌惮　无所畏惧

成语接龙

投鼠忌器 → 器宇轩昂 → _____ → 胸怀大志 → 志得意满

→ 满载而归 → _____ → 箭不虚发 → 发愤图强 → _____

咬文嚼字

不可"投鼠'嫉'器"

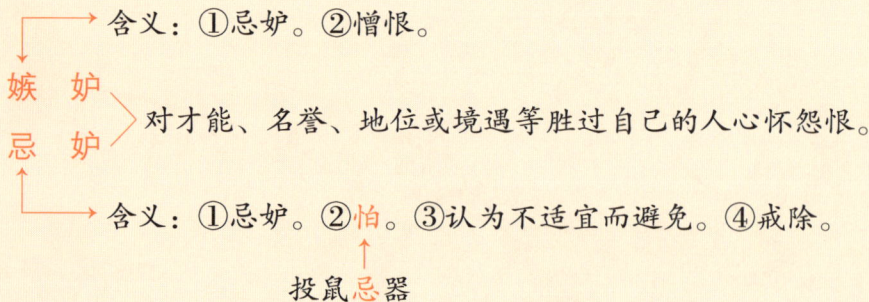

嫉妒 含义:①忌妒。②憎恨。

忌妒 对才能、名誉、地位或境遇等胜过自己的人心怀怨恨。

含义:①忌妒。②怕。③认为不适宜而避免。④戒除。

投鼠忌器

成语故事

从前有个富翁收藏了很多古董，其中有一件古董叫玉盂。玉盂十分精美，是富翁的"心头好"。有一天晚上，一只老鼠跳进了这个玉盂，正好被富翁看到了。富翁很恼火，便拿了个东西砸向老鼠。老鼠被砸死了，但那个珍贵的玉盂也被打破了。

贾谊在写《治安策》的时候，就用这个故事来证明自己的论点。他建议皇帝对待身边犯罪的大臣，不要像对待老百姓一样施加伤残肢体的肉刑，而要有等级差别，这样才能维护皇帝的尊严。贾谊认为，大臣和皇帝离得非常近，如果让大臣与老百姓受一样的刑，皇帝的权威也会减弱。这就好比打老鼠，如果老鼠离器皿太近，打了老鼠却要伤到器皿就不好了。那么，大臣犯法是不是就不用惩罚了？并不是这样。贾谊认为，如果大臣有过错，皇帝可以罢免他，甚至可以赐死他，但是不要对他用肉刑。贾谊的这种言论与我们现在的"法律面前人人平等"的说法是相悖的。

风声鹤唳
fēng shēng hè lì

坚众奔溃，自相蹈藉投水死者不可胜计，肥水为之不流。余众弃甲宵遁，闻风声鹤唳，皆以为王师已至，草行露宿，重以饥冻，死者十七八。

——《晋书》

成语释义 形容人在非常害怕时听到一点声音，就十分恐惧和紧张。

造　　句 晚上我一个人在家，听到一点动静就很害怕，简直到了风声鹤唳的地步。

近 义 词 草木皆兵　杯弓蛇影

反 义 词 风平浪静　所向披靡

成语接龙

风声鹤唳 → 力不从心 → ［　　　　　］ → 得心应手 → 手不释卷

→ 卷土重来 → 来日方长 → ［　　　　　］ → 月黑风高 → ［　　　　　］

咬文嚼字

此"风声"非彼"风生"

　　"风声鹤唳"中的"风声"指的是风发出来的声音，"谈笑风生"中的"风生"指的是有风趣，"风生水起"中的"风生"指的是风吹过来。这几个词的意思各不相同，我们可以根据整个成语的意思来区别到底是"风声"还是"风生"。

成语故事

太元八年（公元383年），北方的前秦国君苻坚率几十万大军，浩浩荡荡南下攻打东晋。东晋派大将谢玄、刘牢之等人率领八万精兵应战。

苻坚认为自己兵多将广，一定能战胜晋军。他让部队沿着淝水摆开阵势，准备与晋军进行决战。晋军这边只有八万人马，想要以少胜多，只能智取。于是，谢玄想出了一条妙计。

谢玄派人送信给苻坚，请他把部队稍稍撤退一些，让晋军渡过淝水，方便进行决战。前秦的将领们都反对后退，但骄傲轻敌的苻坚根本没把晋军放在眼里，同意后退。他打算在晋军渡河时进行突袭，一举歼灭晋军。

但是，苻坚没有料到，自己的军队指挥不统一。后方接到后退的命令，以为前方打了败仗，慌忙逃溃。谢玄见敌军后退了，就马上指挥部下快速渡河，向敌人冲杀过去。前秦军队丢盔弃甲，场面一片混乱。士兵们逃溃时，在路上听到呼呼的风声和鹤的鸣叫声，以为晋军又追来了，于是更加拼命地奔逃，一路上死伤无数。就这样，晋军轻而易举地取得了"淝水之战"的胜利。

马首是瞻
mǎ shǒu shì zhān

秦人毒泾上流，师人多死。郑司马子蟜帅郑师以进，师皆从之，至于棫林，不获成焉。荀偃令曰："鸡鸣而驾，塞井夷灶，唯余马首是瞻！"栾黡曰："晋国之命，未是有也。余马首欲东。"乃归。

——《左传》

成语释义 原指作战时士卒看主将的马头行事。后比喻服从指挥或依附某人。

造　　句 他很聪明，脑子灵活，我们这一群小伙伴都唯他马首是瞻。

近义词 唯命是从　亦步亦趋

反义词 背道而驰

成语接龙

马首是瞻 → ◻◻◻◻ → 后来之秀 → 秀外慧中 → 中饱私囊
→ 囊萤映雪 → 雪上加霜 → 霜露之思 → ◻◻◻◻ → ◻◻◻◻

咬文嚼字

"瞻"和"檐"

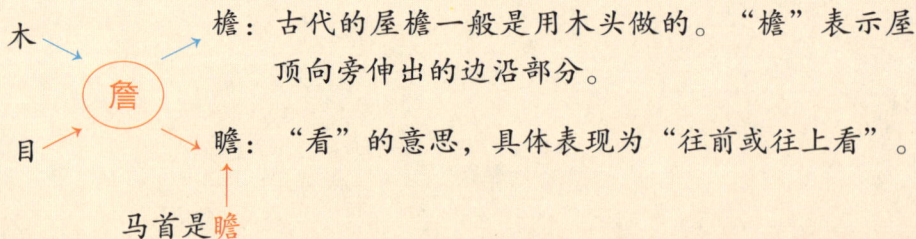

木 → 檐：古代的屋檐一般是用木头做的。"檐"表示屋顶向旁伸出的边沿部分。

目 → 瞻："看"的意思，具体表现为"往前或往上看"。

詹

马首是瞻

成语故事

春秋时期，秦国很强大，常常欺负弱小的诸侯国。公元前559年，晋国联合了其他诸侯国，一起去攻打秦国。晋国的将领是荀偃、栾黡等人。荀偃原以为他们联合起来攻打秦国，肯定能打赢。但没想到各诸侯国人心不齐，当联军到了泾水附近时，诸侯国的军队不愿意渡河。经过一番劝说后，他们才勉强渡过河去，驻扎在河边。

而秦国则派人在泾水上游投毒，导致诸侯国的士兵们很多都中了毒。后来，联军打到了秦国棫林附近。这时，晋军统帅荀偃下令说："明早鸡一叫就准备出发，各军都要填平水井，拆掉土灶，只许前进，不许后退，看着我的马头行动。我的马跑到哪里，你们就要跟到哪里！"晋国的下军主帅栾黡认为联军已经厌战，士气低落，因此不赞同荀偃的命令。他说："晋国从来没有下达过这种命令。荀偃你的马头向西，我的马头就是要向东。"于是，他就带着军队回国了。这使得联军军心动摇，无法再向秦国进攻。荀偃只好下令撤兵，这次战争就这样结束了。

骑虎难下
qí hǔ nán xià

事若克济，则臣主同祚（福）；如其不捷，身虽灰灭，不足以谢责于先帝。今之事势，义无旋踵zhǒng（退缩），骑猛兽，安可中下哉！公若违众独反，人心必沮。沮众败事，义旗将回指于公矣。

——《晋书》

成语释义 比喻做事中途遇到困难，又不能停止，进退两难。
造　　句 事情发展到这一步，我已经是骑虎难下了，只能硬着头皮接着往下做了。
近义词 进退两难　欲罢不能
反义词 一帆风顺　势如破竹

成语接龙

骑虎难下 → 下里巴人 → [　　　　] → 海阔天空 → 空穴来风 → [　　　　] → 茂林修竹 → 竹篮打水 → 水落石出 → [　　　　]

咬文嚼字

"骑虎难下"与"欲罢不能"的异同

相似点： 都表示想停止但是不能停止。
差异性： 骑虎难下——强调形势所迫，想停止已经不可能。
　　　　　　欲罢不能——一般表示个人内心的纠结，想停止却不能停止下来。

成语故事

东晋时期，历阳的镇将苏峻和寿春的镇将祖约率叛军进攻建康，京都失陷。当时的大将军温峤说服荆州刺史陶侃一同率兵征讨叛军。

当时，叛军势力较强，温峤和陶侃的军队多次失败，军粮也快耗尽了。陶侃于是起了退意，对温峤说如果不能马上供应粮食，他就要另做打算了。而温峤却认为苏峻和祖约已经成为天下的祸患，眼下苏峻因为打了几场胜仗，正骄傲自满，现在正是一鼓作气去攻打他们的时候。

温峤对陶侃说："现在，天子被苏峻关了起来，国家危在旦夕。我们都应该为国效力。如果能打败叛军，是我们的福气；如果失败了，就算我们死了也不足以洗清自己的罪责。现在事态发展成这样，我们就像骑在了猛虎的背上，怎么可以中途下来呢！您要是后退了，军心就会动摇。到时候导致战事失败，我的军队就会向您追责了。"

陶侃接受了温峤的劝说，最后，他们率军艰苦奋战，成功击败了苏峻、祖约率领的叛军。

得鱼忘筌

dé yú wàng quán

> 筌者，所以在鱼，得鱼而忘筌；蹄者，所以在兔，得兔而忘蹄；言者，所以在意，得意而忘言。吾安得夫忘言之人而与之言哉？
>
> ——《庄子》

成语释义 比喻既已悟道，就忘掉悟道的手段。后比喻事情成功之后就忘了本来依靠的东西。

造　　句 我为了你的事费时费力，你怎么能得鱼忘筌呢？

近 义 词 得兔忘蹄　卸磨杀驴　过河拆桥

反 义 词 饮水思源

找 规 律 得意忘言　得一忘十　得意忘象　得意忘形

成语接龙

得鱼忘筌 → 全身而退 → 退避三舍 → _____ → 人言可畏

→ 畏首畏尾 → 尾大不掉 → _____ → 心猿意马 → _____

咬文嚼字

"筌"与"荃"

　　在古代，表示"筌"的意思时，也曾用"荃"字，因此在出处中，用的是"荃"字。但我们在使用"得鱼忘筌"这个成语时，要用"筌"字。"筌"是什么意思呢？它表示捕鱼用的竹器。"得鱼忘筌"这个成语的字面意思是捕到鱼之后就忘掉了筌。"荃"字我们现在一般用来表示一种香草。

成语故事

　　从前有一个渔夫，一天他到河边去捕鱼。他把竹器筌投进水里之后，仔细地看着浮标，不久，一条鱼就上筌了。他非常高兴，取下鱼，把筌抛到了一边，快步回到家向妻子吹嘘自己的功劳。妻子说这是筌的功劳，然后问他筌放哪了。渔夫这才想起没有把筌带回家。

　　或许是依据这个故事，庄子说：筌是用来捕鱼的，捕到了鱼就可以把筌忘了；蹄（兔网）是用来捕兔子的，捕到了兔子就可以把蹄忘了；语言是用来寄存意念的，得到意念之后，就会忘掉语言。庄子很想同"忘言之人"，即忘掉语言后领会精神实质的人谈论。这里也有想找寻与自己互有默契、心照不宣的人的意思。

　　"得鱼忘筌"和"得兔忘蹄"本来都是用来表示既已悟道，就忘掉悟道的手段，但是现在语义有所改变。人们常用这两个成语比喻达到目的后忘恩负义、背弃根本，带有贬义色彩。

以动物喻人的成语

胆小如鼠：比喻非常胆小的人。

过街老鼠：比喻人人痛恨或厌恶的人。

惊弓之鸟：比喻受过惊吓，听到一点动静就非常害怕的人。

笼中之鸟：比喻受困而不自由的人，也比喻易于制服或控制的敌人。

闲云野鹤：比喻生活无拘无束、自由自在的人。

不舞之鹤：比喻名不副实的人，常用于自谦。也比喻没出息、没能力的人。

井底之蛙：比喻见识短浅的人。

瓮中之鳖：比喻已在掌握之中，逃脱不了的人。

漏网之鱼：比喻侥幸逃脱的罪犯或敌人。

涸辙之鲋：比喻在困境中急待援救的人。

丧家之犬：比喻无处投奔、到处乱窜的人。

初生之犊：比喻无所畏惧、敢闯敢拼的年轻人。

害群之马：比喻危害集体的人。

一丘之貉：比喻同属一类，没有什么差别的坏人。

人中之龙：比喻品格高逸、出类拔萃的人。

语林小憩

一、成语接龙，比比谁更快。

骑 虎 难 □
　　 不
　 为
　行 公 □
　 出
有 □
　材 施 □
　　学
长 相

自 愧 不 □
　　 醉
　 如
风 怒 □
　 喝
大 □
　笑 不 □
　　鱼
筌 忘

二、写出含有以下动物名称的成语。

1. 虎：＿＿＿＿＿＿＿＿＿＿＿＿＿＿＿＿＿＿＿＿＿

2. 牛：＿＿＿＿＿＿＿＿＿＿＿＿＿＿＿＿＿＿＿＿＿

3. 鼠：＿＿＿＿＿＿＿＿＿＿＿＿＿＿＿＿＿＿＿＿＿

4. 鸟：＿＿＿＿＿＿＿＿＿＿＿＿＿＿＿＿＿＿＿＿＿

5. 马：＿＿＿＿＿＿＿＿＿＿＿＿＿＿＿＿＿＿＿＿＿

三、选择合适的选项补全成语。

　　　　A. 风声　　　　B. 风生

谈笑 □　　　　　　　□ 鹤唳

□ 水起　　　　　　走漏 □

鞭长莫及

biān cháng mò jí

宋人使乐婴齐告急于晋，晋侯欲救之。伯宗曰："不可。古人有言曰：'虽鞭之长，不及马腹。'天方授楚，未可与争。虽晋之强，能违天乎？"

——《左传》

成语释义 本意为马鞭虽长，但打不到马肚子上。比喻距离过远，力量达不到。

造　　句 他的父母都在国外，对于他的管教显然有些鞭长莫及。

近 义 词 力不从心　爱莫能助

反 义 词 绰绰有余

成语接龙

鞭长莫及 → 及时行乐 → _____ → 悲欢离合 → 合浦珠还

→ 还元返本 → 本性难移 → _____ → 木已成舟 → _____

咬文嚼字

"鞭长莫及"和"望尘莫及"

　　"鞭长莫及"和"望尘莫及"都有"莫及"二字，但它们表达的意思是完全不同的。

　　"鞭长莫及"表示鞭子虽长，却不能打到马肚子。比喻相隔太远，力量无法达到。

　　"望尘莫及"表示远远地看见前面的人马掀起尘土却赶不上，比喻远远落在后面。

成语故事

　　春秋时期，楚庄王派使臣去齐国，并让使臣路过宋国却不向宋国借路。宋国因此很生气，杀了使臣。楚庄王听到消息后，十分愤怒，马上派兵攻打宋国。

　　宋国顽强抵抗，但是因为国力相差较大，时间久了就难以抵抗了。于是宋国派大夫乐婴去向晋国借兵。晋景公想派兵去救宋国，但大夫伯宗却对此反对。他引用古人的话，说鞭子虽然长，却不能打到马肚子上。上天正把强盛授予楚国，晋国虽也强大，但不能违背天的旨意，所以不能与楚国相争。晋景公听了伯宗的话，没有派兵，而是派大夫解扬去宋国，对宋国说援兵在路上了，不要投降。宋国人艰难地守了几个月，楚军攻打不下，最后同意宋国求和，并带走宋国大夫华元作为人质，双方才停战。

文苑

除掉腹地里几省，外我军和八路有协议，他在山南，我国人鞭长莫及，其余的虽然没有摆在面子在山北，隔山而上瓜分，暗地里都各治，我是鞭长莫及啊。

——李宝嘉

有了主子了。

——徐贵祥

覆水难收
fù shuǐ nán shōu

苗谓进曰："始共从南阳来，俱以贫贱，依省内以致贵富。国家之事，亦何容易！覆水不可收。宜深思之，且与省内和也。"

——《后汉书》

成语释义 倒在地上的水难收回来。比喻事成定局，难以挽回。
造　　句 覆水难收的道理我们都懂，不必再做无用功了。
近 义 词 木已成舟　驷马难追
反 义 词 破镜重圆

🔲 成语接龙

覆水难收 → 收锣罢鼓 → ＿＿＿＿＿ → 心如止水 → 水天一色
→ 色若死灰 → 灰心丧气 → ＿＿＿＿＿ → 河同水密 → ＿＿＿＿＿

🔲 咬文嚼字

"覆水"非"复水"

盖住 ← 覆 → 灭亡　　　　再，又　　　恢复
　　　↓　　　　　　　　　　　　↗　↖
底朝上翻过来　　　　　报复 ← 复 → 回答，答复
　　　↑
覆水难收　　　　　　　转过去或转回来

成语故事

"覆水难收"这个成语最早见于《后汉书·何进传》中，是何苗用来劝说何进要仔细思考，谨慎行事的。关于这个成语，还有一个更有趣的记载。宋代的王楙（mào）在《野客丛书》中写了这样一个故事：

姜太公还没有出山辅佐周文王、周武王之前，家境很贫寒，只顾读书，不去田里劳作。他的妻子马氏很不满，于是离开了他。后来，姜太公帮助周武王灭掉了商朝，受到封赏，身份变得十分尊贵。这时，马氏又来要求与他复合。姜太公端来一盆水，泼在地上，让马氏把泼在地上的水收回来，但是泼在地上的水怎么收得回呢？马氏用手捧来捧去，只捧了一堆污泥。姜太公对马氏说："你想找我复合，就像要把倒出去的水再收回来一样难！"

文苑

月兰虽然可恶，既自程先生见王琦瑶生已经逃走，便成覆水难收，若仍把他提到杭州追赃审问，岂不谅王琦瑶，很是懊辱没了相府的门楣？恼，又覆水难收。

气，只怪自己说话不小心，也不够体

——张春帆

——王安忆

焦头烂额

人谓主人曰："乡使听客之言，不费牛酒，终亡火患。今论功而请宾，曲突徙薪亡恩泽，焦头烂额为上客耶？"主人乃寤（觉悟）而请之。

——《汉书》

成语释义 烧焦了头，灼伤了额。比喻非常狼狈窘迫。有时也形容忙得不知如何是好，带有夸张的意思。

造　　句 最近要期末考试了，我忙得焦头烂额。

近 义 词 狼狈不堪

反 义 词 万事亨通　称心如意

成语接龙

焦头烂额 → 额手称庆 → 庆赏刑威 → ☐ → 面如冠玉
→ 玉树临风 → ☐ → 时不我待 → 待价而沽 → ☐

咬文嚼字

"焦头烂额"与"狼狈不堪"的异同

相似点：都形容十分狼狈窘迫的样子。

差异性：焦头烂额——常表示人内心焦躁的状态。

狼狈不堪——可表示处境窘迫、进退两难的状态，还可形容人的外形因某事而不整洁的样子。

成语故事

从前，有一个人去拜访一户人家。他发现这户人家的烟囱是直的，灶旁还堆积了很多木柴。他觉得这样太不安全了，就对主人说："你应该把烟囱做成弯曲的，把木柴搬得离灶远一点，否则很可能会引起火灾。"主人听了心里不高兴，没有理睬他。

没过多久，这户人家果然失火了，还好附近的邻居及时赶来救火，才把火扑灭了。于是主人置办了宴席请邻居们来吃。在救火时，有些人被烧得焦头烂额，主人请他们坐在上座，其他人也按照出力的大小排了座次。但之前那个建议主人改烟囱、搬木柴的人，主人却没有请来。

有人就对主人说："如果你之前听了那个客人的话，就用不着花钱摆酒了，因为根本不会发生火灾。现在你在答谢有功的邻居，那些在救火时被烧得焦头烂额的人成为你的上等客人，而那位建议改烟囱、搬木柴的人却什么也没有得到，这样合适吗？"主人听了这番话，恍然大悟，立刻把那个客人请来了。

自惭形秽

zì　cán　xíng　huì

> 骠骑王武子是卫玠之舅，俊爽有风姿。见玠，辄叹曰："珠玉在侧，觉我形秽。"
>
> ——《世说新语》

成语释义　泛指因为自己不如别人而感到惭愧。

造　　句　乐乐是一个乐于助人的人，在他面前，我不由得自惭形秽。

近 义 词　自愧不如

反 义 词　自高自大　目空一切

成语接龙

自惭形秽 → 秽语污言 → 言行不一 → ＿＿＿＿＿＿ → 成千上万 → 万众一心 → ＿＿＿＿＿＿ → 巧取豪夺 → 夺门而出 → ＿＿＿＿＿＿

咬文嚼字

为何"自惭形秽"？

为什么是"自惭形秽"而不是"自惭型秽"呢？我们先来了解一下"形"和"型"的区别。"形"作名词时，表示"形状；形体，实体"，组词有"外形""形象""形态"等；"型"则表示"模型；类型"，组词有"型号""发型""血型"等。"自惭形秽"最初表示觉得自己的外形不如别人而感到惭愧的意思，因此当然是用"形"了。

成语故事

晋代有位骠骑将军名叫王济，他长得十分英俊，待人接物也很有风度。他虽然是个提刀弄枪的将军，但很有才学，在城里颇有名声。

王济有个外甥，叫卫玠。卫玠长得眉清目秀，王济见到他也不由得说："人家都说我相貌英俊，但站在外甥边上，就好像我的旁边有明珠宝玉，相比之下我实在是太难看了！"

卫玠年少时曾到街市上去游玩。街上的人看到他，都以为他是白玉雕成的。大家争着围观他，你挤我拥，轰动了全城。不过卫玠身体虚弱，又常与友人清谈，思虑过重，最后英年早逝。

文苑

他们都想挺着胸，目相形之下，川嫦更空一切的，走着德国式的齐整而响亮的步觉自惭形秽。余美子；可是一遇到人，增见了她又有什么他们便本能的低下头感想呢？

——张爱玲

去，有点自惭形秽似的。

——老舍

前功尽弃
qián gōng jìn qì

今破韩、魏，扑师武，北取赵蔺（Lìn）、离石者，公之功多矣。今又将兵出塞，过两周，倍韩，攻梁，一举不得，前功尽弃。公不如称病而无出。

——《史记》

成语释义 以前的功劳全部废弃。也指以前的努力全部白费。

造　　句 我费了九牛二虎之力才把一堆书整理好，结果不小心碰倒了，真是前功尽弃！

近 义 词 功亏一篑　功败垂成

反 义 词 大功告成

成语接龙

前功尽弃 → 弃暗投明 → _____ → 非亲非故 → 故作玄虚

→ 虚张声势 → _____ → 立竿见影 → 影影绰绰 → _____

咬文嚼字

有"力"和无"力"区别在哪？

"功"字和"工"字，读音相同，写法相似，只是一个有"力"，一个无"力"。"功"字一般表示与功劳、成效、技术相关的事物，比如"成功""功德""唱功"等。"工"字则一般表示与工作、工人、工业、工程等相关的事物，比如"工厂""工地""工具"等。在成语"前功尽弃"中，"功"表示的是功劳。

成语故事

战国中期，秦国越来越强大，引起了周天子的不安。于是纵横家苏厉建议周天子派人去说服秦国的名将白起，让他不要再这样拼命。周天子听后，直接派苏厉去劝阻白起，莫再起兵。苏厉见到白起后，对他说了这样一番话：

楚国有个叫养由基的人，是一个神射手。他可以射中距离百步以外的柳叶，百发百中。旁边的人看了，都夸他射得好。有一个人却说："射得不错，可以教你射箭了。"养由基听了很生气，扔开弓，握住剑，问："你凭什么教我射箭？"那个人镇定地回答："不敢，我并不能教你射箭的窍门。但是你刚才能够距离柳叶百步以外进行射击，做到百发百中，已经很了不起了，应当见好就收。否则，待会你要是没力气了，有哪一箭没射中，那你之前的一百箭就都被埋没了。"同样的道理，将军现在攻破韩国、魏国，打败了魏将犀武，又北取赵国的蔺和离石，功劳已经很大了。现在还要领兵出战的话，要是输了就会让以前的功劳一笔勾销。您不如假装有病，不要出兵了。

白起听了苏厉的这一番言论，没有再出兵。

姜太公钓鱼，愿者上钩

在"覆水难收"的成语故事中，我们提到了姜太公这个人物。关于这个传奇人物，最有意思的就是"姜太公钓鱼，愿者上钩"的故事了。

周文王外出打猎时，遇见了一位钓鱼的老人。这位老人须发斑白，看上去有七八十岁了。他一边钓鱼，一边不断地念叨着："快上钩呀！愿意上钩的快上钩呀！"再一看，老人钓鱼的鱼钩离水面有三尺高。这样能钓到鱼？周文王觉得十分奇怪，就上前和老人攀谈起来。

原来这位老人姓姜名尚，字子牙。他在这里钓鱼并不是为了鱼，而是在等待贤明的君主来发现他。周文王与姜尚进行了一番交流，发现姜尚是一个眼光远大、学问渊博的人，并且他对于当时的政治形势分析得头头是道。周文王正在到处寻找贤士，来帮助自己推翻商朝。眼前的姜尚，不就是自己要寻访的贤士吗？于是周文王恳切邀请姜尚帮助自己治理国家。

姜尚到了周文王那里，被拜为"太师"，尊称太公望。他帮助周文王整顿政治和军事，对内发展生产，使人民安居乐业；对外征服部族，开拓疆土，削弱商朝的力量。周文王和后来的周武王在姜尚的辅佐下，推翻了商朝，建立了周朝。

语林小憩

一、先将成语补充完整，再选择成语的近义词，用直线连起来。

爱□能助

□马难追

功亏□篑

自□形秽

功败垂□

□长莫及

自□不如

木已成□

二、在下面空白处填上恰当的成语使句子完整。

1. 对付他我还是_____的。

2. 如果你现在放弃了，那就真的_____了。

3. 事已至此，_____，你就当是吸取了一个教训吧！

三、选择正确的选项。

1. 成语"自惭形秽"讲的是哪个人物的故事？（　　　）

　　A. 王济　　　　　　B. 姜尚　　　　　　C. 苏厉

2. "百步穿杨"原本是说哪种技艺十分高超？（　　　）

　　A. 骑射　　　　　　B. 书法　　　　　　C. 箭术

3. 以下成语中，哪一成语与"破镜重圆"的意思相同？（　　　）

　　A. 和好如初　　　　B. 覆水难收　　　　C. 言归于好

口若悬河

kǒu ruò xuán hé

郭象字子玄，少有才理，好老庄，能清言。太尉王衍每云："听象语，如悬河泻水，注而不竭。"州郡辟召，不就。常闲居，以文论自娱。

——《晋书》

成语释义 讲起话来滔滔不绝，像瀑布不停地奔流倾泻。形容能说会辩，口才好。

造　　句 我们班主任的口才很好，讲起道理来口若悬河。

近 义 词 侃侃而谈　能言善辩

反 义 词 沉默寡言

找 规 律 固若金汤　噤若寒蝉　寥若晨星　呆若木鸡

成语接龙

口若悬河 → 河不出图 → 图穷匕见 → _____ → 为富不仁

→ 仁至义尽 → 尽善尽美 → _____ → 收回成命 → _____

咬文嚼字

"口若悬河"与"喋喋不休"的异同

相似点：都表示言谈滔滔不绝。

差异性：口若悬河——形容口才很好，是褒义词。

喋喋不休——形容说话唠叨，没完没了，是贬义词。

成语故事

晋代的郭象是一个著名的大学问家。他小时候就非常好学，又善于观察，喜欢思考。他长大后，朝廷一再派人请学识渊博的他去当官。他实在推辞不了，才去做了黄门侍郎。由于他知识很丰富，口才又很好，且喜欢发表自己的见解，所以无论对什么事情，他都能说得头头是道。

当时的太尉王衍曾这样称赞他："听郭象说话，就好比一条倒悬在山上的河流，直往下灌，永远没有枯竭的时候。"后来，人们就用"口若悬河"来形容人谈吐流利，能言善辩。

连篇累牍
lián piān lěi dú

江左齐、梁，其弊弥甚，贵贱贤愚，唯务吟咏。遂复遗理存异，寻虚逐微，竞一韵之奇，争一字之巧。连篇累牍，不出月露之形，积案盈箱，唯是风云之状。

——《隋书》

成语释义 形容篇幅过多，文辞冗长。累：重叠。

造　　句 他写的文章总是连篇累牍，大家都不爱看。

近 义 词 长篇大论

反 义 词 言简意赅　简明扼要

成语接龙

连篇累牍 → 独占鳌头 → _____ → 道听途说 → 说三道四
→ 四海为家 → _____ → 晓以大义 → 义不容辞 → _____

咬文嚼字

"连篇累牍"的"牍"是什么？

在纸还没有发明出来之前，木片或竹片是古人写字时常用的工具。"牍"表示古时人们书写用的木片，因此才有了"连篇累牍"的说法。其中，"连篇"指一篇接着一篇，"累牍"表示木片一堆堆地叠起来，用以形容文章冗长。

成语故事

李谔是隋文帝时期的治书侍御史，非常有才华。当时的文人延续了南北朝的文风，文章大都写得浮华空洞，没有深度。李谔见到这种情况，决定给隋文帝上书，建议通过发布政令来改变当时的文风。

隋文帝杨坚看了李谔的奏章之后，十分认可，尤其是看到"连篇累牍，不出月露之形；积案盈箱，唯是风云之状"时，更是深有同感。他心想：李谔说得对啊，现在的文章、案卷，大都是一些华丽的辞藻，很少有注重实际的，真是又长又累赘。这样下去，大家都去吟咏风花雪月，崇尚绮丽文风，不解决实际问题，对社会来说是一个很大的弊病。于是，隋文帝下令说："把李谔的奏章颁示天下。如果以后谁呈上的奏章再是那种华丽的文风，我定严加追究。"

此后，官员呈上的奏章文风立即改变了，不再连篇累牍，而是就事论事，言而有实。李谔上书的目的也达到了。

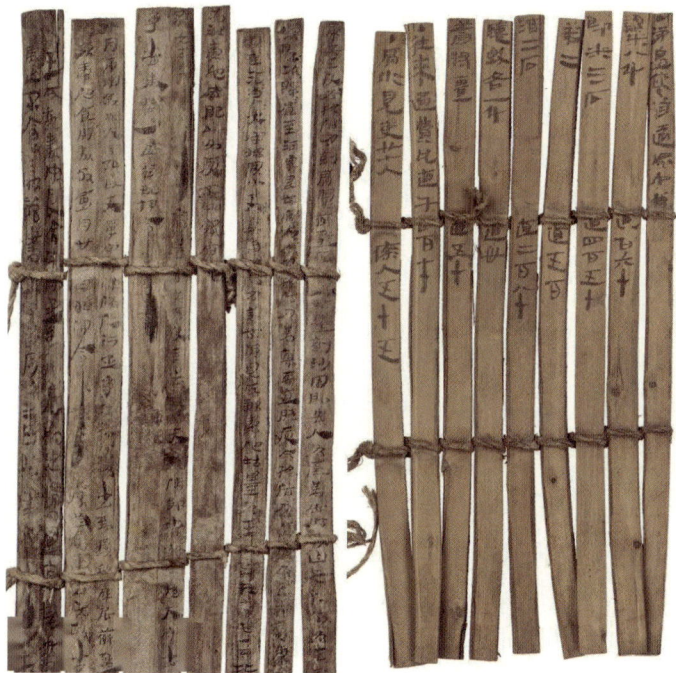

老生常谈

飏曰："此老生之常谭。"辂答曰："夫老生者见
不生，常谭者见不谭。"（同"谈"）晏曰："过岁更当相见。"辂还
邑舍，具以此言语舅氏，舅氏责辂言太切至。

——《三国志》

成语释义 老书生经常说的话。指人们听惯了的没有新意的话。

造　　句 他又在那里长篇大论了，经常说些老生常谈的事情。

近义词 陈词滥调　老调重弹

反义词 标新立异　真知灼见

成语接龙

老生常谈 → 谈古论今 → 今非昔比 → _____ → 是非不分

→ 分庭抗礼 → 礼尚往来 → _____ → 易守难攻 → _____

咬文嚼字

老生不"长"谈

"常"和"长"虽然读音相同，但意思不同。"常"最常用
的意思是"时常，常常"，而"长"常用来表示"长度"。"老生
常谈"这个成语表示老书生经常说的话，而不是老书生说的长篇大
论，因此不能用"长"。

成语故事

　　三国时期，有个人叫管辂。他从小就很聪明，喜欢读书，尤其喜爱与天文相关的知识。到了十五岁时，他已经熟读了《周易》，通晓占卜术，并且常常说得很准，渐渐就有了点名气。

　　有一天，吏部尚书何晏和侍中尚书邓飏召来管辂替他们占卜。何晏一见到管辂，就大声嚷道："听说你的占卜很灵验，快来给我算算，看我能不能升官。还有，我这几天晚上总是梦见有几十只苍蝇叮我鼻子，赶也赶不走，这是什么预兆？"管辂便说："以前周公辅助周成王建国立业，国泰民安，大家都感激他。现在你也在做官但没什么人感激你，倒是有很多人怕你，这不是什么好预兆。苍蝇是恶臭之物，你的梦也是个凶兆啊！要想逢凶化吉，只有效仿周公，发善心，行善事。"邓飏听了，说："你说的都是些老生常谈的事情，没什么意思。"管辂回答："老年人阅尽世间事，所谈的道理也是普通人不曾谈到的。"何晏更是不以为然。

　　没多久，何晏、邓飏就因谋反而遭诛杀。

文苑

　　后头果然又附了两条条陈，一条用人，一条理财，却都是老生常谈，也无重引的必要，现在别举一两个名人的话替我表示意见。

——李宝嘉

常谈，看不出什么好处。

——周作人

不过教育家的老生常谈也无重引的必

文不加点

wén bù jiā diǎn

　　射时大会宾客，人有献鹦鹉者，射举卮于衡曰："愿先生赋之，以娱嘉宾。"衡揽笔而作，文无加点，辞采甚丽。

——《后汉书》

成语释义　写文章一气呵成，无须修改。形容文思敏捷，写作技巧很纯熟。

造　　句　他文思泉涌，奋笔疾书，文不加点，很快就写出了一篇文章。

近义词　一气呵成

反义词　咬文嚼字　拖泥带水

成语接龙

文不加点 → 点头之交 → _____ → 耳濡目染 → 染丝之变

→ 变幻无穷 → _____ → 恶语相加 → 加人一等 → _____

咬文嚼字

写文章不加标点？

　　"文不加点"常常被误会是写文章不加标点的意思，实际上这里的"点"是涂上一点，表示删去的意思。其实，古代人写文章一般是不加标点的，在《三字经》中，就有对学生提出"明句读"的要求。"句读"也就是古代的断句形式，和我们现在的标点符号是不同的。知道了这一点，就不会误以为"文不加点"是写文章不加标点的意思啦！

成语故事

　　东汉时期的祢衡很有才华，但是他恃才傲物，狂放不羁。他瞧不起当时重权在握的曹操，三番五次地当众羞辱他。一次，祢衡坐在曹操的营门口，用木杖敲着地面骂曹操。曹操十分生气，但因为祢衡在当时很有名气，若是随意处置他，会引起他人的不满。于是曹操就把祢衡送到了荆州的刘表那里。刘表很欣赏祢衡的才华，但也受不了他的脾性。于是，刘表又把祢衡送到江夏太守黄祖那儿当书记官。任职期间，祢衡替黄祖做文书工作，孰轻孰重、孰疏孰亲，他都处理得当，黄祖对他很满意。

　　黄祖的儿子黄射是章陵太守，他与祢衡结为了好友。一次，黄射大宴宾客，有人献了一只鹦鹉。黄射就对祢衡说："请先生写一篇鹦鹉赋，为大家助助兴。"祢衡提笔就写，文章写好后，一个字都不用修改，文采十分华丽。

大笔如椽

dà bǐ rú chuán

珣梦人以大笔如椽与之，既觉，语人云："此当有大手笔事。"俄而帝崩，哀册谥议，皆珣所草。

——《晋书》

成语释义 像椽子那样大的笔。形容雄健的笔力或气魄宏大的诗文。也作"如椽大笔"。

造　　句 鲁迅先生大笔如椽，一生写作数百万字。

近 义 词 笔大如椽　笔扫千军

反 义 词 词不达意　枯燥无味

成语接龙

大笔如椽 → 传道授业 → _____ → 勤能补拙 → 拙手钝脚

→ 脚踏实地 → _____ → 博大精深 → 深恶痛绝 → _____

咬文嚼字

大笔真的如"椽"吗？

我们知道"大笔如椽"是形容雄健的笔力或气魄宏大的诗文。那么"椽"是什么呢？古代的房子大多是用木头做的，"椽"就是放在檩上架着屋顶的木条。想象一下，一支笔大到能架住屋顶，那得有多大呀！谁又能挥动这么大的笔呢？古人真是很会使用夸张的手法！

成语故事

　　王珣是东晋时期的大臣、书法家。他青年时就很有才华，受到桓温的赏识，当了副官。孝武帝司马昌明也很器重他，任他为尚书右仆射，又转任左仆射，加征虏将军。当时，孝武帝十分喜好典籍，而王珣很有才华，文章写得很好，因此受到孝武帝的偏爱。

　　一天晚上，王珣做了一个梦，梦里有一个人将一支有屋椽那么粗的大笔送给了他。醒来后，他对家里人说起这个梦，又说看来有大手笔的事情要做了。果然，不久后，孝武帝突然去世。由于王珣文笔出众，朝廷就把要发出的哀策、讣告等全都交给他来起草，这在当时是一种殊荣。

文苑

当今四五十岁一代，我有一个渺渺茫茫的希望，希望有哪一位蹲过牛棚的作家，提起如椽大笔，把自己不堪回首的经历，淋漓尽致地写了出来。

——季羡林

书法佳妙者亦尚颇有几位，或『驰驱笔阵』『其腕似铁』，或大笔如椽，龙舞蛇飞。

——梁实秋

历史上那些能言善辩的人

一、蔺相如

蔺相如是战国时期的赵国上卿，他的主要事迹有完璧归赵、渑池之会等。其中完璧归赵讲的是赵惠文王时期，秦昭王给赵王写信，愿以十五座城池换取"和氏璧"。蔺相如奉命带"和氏璧"来到秦国，据理力争，机智周旋，最终完璧归赵。

二、张仪

张仪是战国时期的魏国人。张仪曾担任过秦相，封武信君，长期为秦国效命，从事游说离间诸侯的活动。他极力倡导连横之事，努力瓦解齐楚同盟，为秦国最终实现各个击破诸侯国立下大功。

三、晏子

晏子本名晏婴，是春秋时期齐国的著名政治家、外交家。晏子是一个能言善辩、善于辞令的人，他曾经出使楚国，以"橘生淮南则为橘，生于淮北则为枳"为论据舌战楚王，维护了齐国的尊严。

四、公孙龙

公孙龙是战国时期的赵国人，他是"名家"（善于辩论，注重逻辑分析和探寻思维规律）的代表人物，也是"诡变学"的祖师。公孙龙能言善辩，曾经做过平原君的门客。他的"白马非马"理论是一个著名的哲学命题。

五、孔融

孔融是东汉末年的文学家，从小就很聪慧。"孔融让梨"的故事想必大家都耳熟能详。他十岁时，太中大夫陈炜曾说他："小时了了，大未必佳。"他立刻说道："想君小时，必当了了。"这让陈炜十分局促。

语林小憩

一、试试看，你能找出几个成语。

若	头	头	不	谈
接	篇	生	耳	加
文	连	古	悬	之
河	论	口	点	非
今	常	累	交	老
昔	比	牍	大	如

二、观察下面的成语用了什么修辞手法，再写几个使用同样的修辞手法的成语。

口若悬河　　　　　　大笔如椽

三、找出下列成语分别与哪位历史人物有关，连一连。

口若悬河　　　　　　管辂

大笔如椽　　　　　　王珣

文不加点　　　　　　郭象

老生常谈　　　　　　李谔

连篇累牍　　　　　　祢衡

励精图治

lì jīng tú zhì

> 宣帝始亲万机，厉精为治，练群臣，核名实，而相总领众职，甚称上意。
>
> ——《汉书》

成语释义 振奋精神，想办法治理好国家。励：奋勉。图：设法。治：治理好国家。

造　　句 历史上有很多励精图治的皇帝。

近 义 词 励精求治　发愤图强

反 义 词 祸国殃民

成语接龙

励精图治 → 治病救人 → 人仰马翻 → _____ → 地广人稀 → 稀世之宝 → 宝刀未老 → _____ → 壮志凌云 → _____

咬文嚼字

"励""厉"之分

励：①劝勉。②振奋；振作。

↓

常见的组词有"勉励""鼓励""奖励""励志""励精图治"等。

厉：①严格。②严肃；猛烈。③古时，同"砺"，磨。

↓

常见的组词有"严厉""雷厉风行""声色俱厉""厉害""秣马厉兵"等。

成语故事

公元前74年，汉昭帝去世。手握大权的大司马霍光拥立汉武帝的曾孙刘询为帝，也就是后来的汉宣帝。霍家当时在朝中权倾一时。

大司马霍光因病去世后，御史大夫魏相总结了历史教训，又见霍氏家族胡作非为，于是建议汉宣帝削弱霍氏的权力。霍氏家族得知后，既怕又恨，便想假借太后之名，杀掉魏相，再废掉汉宣帝，另立新帝。霍氏家族的计划被汉宣帝知道了，他便先发制人，将霍氏满门抄斩。

此后，汉宣帝亲自处理朝政，他励精图治，听取大臣的意见，提倡节约，鼓励发展农业生产。魏相则率领百官尽职尽责。很快，国家就迅速地发展起来，呈现出一派繁荣祥和的景象。汉宣帝成为历史上有名的贤君，他统治的那段时间被称为"孝宣中兴"。

文苑

皇上无疾时，尚不能这些年，我宵衣旰利泽苍生，奠安社食，励精图治，不稷；今得此心疾，岂敢懈怠，为的是想复能励精图治？做一个中兴之主，

——夏敬渠

重振国运。

——姚雪垠

克己奉公
kè jǐ fèng gōng

遵为人廉约小心，克己奉公，赏赐辄尽与士卒，家无私财，身衣韦绔（kù），布被，夫人裳不加缘，帝以是重焉。及卒，愍（mǐn）悼之尤甚。遵丧至河南县，诏遣百官先会丧所，车驾素服临之，望哭哀恸（tòng）。

（哀伤）

——《后汉书》

成语释义 克制自己的私心，一心为公。克己：约束自己。奉公：以公事为重。

造 句 焦裕禄是个克己奉公的好干部。

近 义 词 廉明公正　公而忘私　奉公守法

反 义 词 见利忘义　损人利己　假公济私

成语接龙

克己奉公 → 公正无私 → 私心杂念 → _____ → 忘恩负义

→ 义不容辞 → 辞严义正 → _____ → 明察秋毫 → _____

咬文嚼字

"克"字含义多

　　"克"字看似简单，但它可以表示很多种意思，如"能；克服，克制；攻下据点，战胜；消化；严格限定"等意思。此外它还是一个质量单位，有克和千克之说。在成语"克己奉公"中，它表示"克制"的意思。

成语故事

东汉初年，有一个人叫祭遵。他虽然家境富裕，但生活俭朴，吃穿用度都很节约。光武帝刘秀起兵反对王莽之后，路过颍阳，祭遵知道了就去投奔他，后被任命为军市令。一次，刘秀身边的一个侍从犯了法，祭遵就把他杀了。起初刘秀很生气，恼怒祭遵竟敢处罚他身边的人，后来经人劝谏，刘秀认可了祭遵坚守法令、言行一致的作风。不久，刘秀又拜祭遵为偏将军，封为列侯。祭遵跟随刘秀东征西讨，立下大功。

祭遵常受到刘秀的赏赐，但他将这些赏赐都拿出来分给手下的人。他家里没有多少私人财产，即使在安排后事时，他仍嘱咐手下的人不许铺张浪费。他去世后，光武帝诏遣百官先到治丧场所集合，而自己穿着一身白色的丧服，哭得十分悲伤，万分哀恸。

后人在为祭遵作传的时候，评价他是一个廉洁节俭、克己奉公的人。

文苑

严而不苛，简而不弛，矢引克己奉公，克己奉公，除了人取用儒术，有祭遵之风。

——韩雍

当时他衣着简朴，事干部之外，竟没有一个人知道他是我的儿子。

——从维熙

两袖清风

liǎng xiù qīng fēng

杨柳阴阴水一涯，无边天地入窗纱。土阶过雨苔生润，竹迳无人草自花。

圣处工夫期我立，吟边生活赖成家。夜来梦泛沧浪水，两袖清风钓岸沙。

——《和邓讲书》

成语释义 清风吹拂着两袖，形容飘逸洒脱的样子。也指衣袖中除清风外，别无所有。比喻做官廉洁。

造　　句 他做了几十年的官，依然是两袖清风。

近义词 廉洁奉公　洁身自好

反义词 贪赃枉法　贪得无厌

成语接龙

两袖清风 → 风言风语 → ☐☐☐☐ → 长歌当哭 → 哭笑不得

→ 得不偿失 → 失道寡助 → ☐☐☐☐ → 乐极生悲 → ☐☐☐☐

咬文嚼字

为何不是"两袖'轻'风"？

为什么是"两袖清风"而不是"两袖轻风"呢？因为"轻风"是形容风本身的状态，指比较小的、轻柔的风，而"清风"是形容风带给人的清凉舒适的感觉，由此"清风"也就具有了引申义，指高洁的品格。所以"两袖清风"应用"清"。

成语故事

《和邓讲书》这首诗是一位叫释道璨的人所作的，他是宋代的一位禅师。这首诗描绘了一幅空寂、静谧的风景画，给人一种清幽之感。诗中的"两袖清风钓岸沙"一句，勾勒出了诗人在河边遗世独立、自在清闲的形象。

除了这首诗，还有另一首诗中也有类似"两袖清风"的句子："清风两袖朝天去，免得闾阎话短长。"这是明代政治家、诗人于谦写的。相比当时一些搜刮老百姓钱财的贪官污吏，于谦始终廉洁自律，保持着高尚的情操。这句诗的意思是：在如此恶浊的世风下，我要保持自己的清白，离职返京时，只带着两袖清风去朝见天子，免得民众对我议论纷纷。

明察秋毫

míng chá qiū háo

曰："有复于王者曰'吾力足以举百钧，而不足以举一羽；明足以察秋毫之末，而不见舆薪'，则王许之乎？"

——《孟子》

成语释义 原形容人目光敏锐，任何细小的事物都能看得很清楚。后多形容人能洞察事理。

造　　句 多亏他明察秋毫，找出了真正偷东西的人，还我清白。

近 义 词 洞若观火

反 义 词 不甚了了

成语接龙

明察秋毫 → 毫发不伤 → 伤天害理 → _____ → 壮志凌云

→ 云淡风轻 → _____ → 举世无双 → 双喜临门 → _____

咬文嚼字

"明察秋毫"与"秋毫无犯"

"毫"有"细长而尖的毛"的意思。"秋毫"指秋天鸟兽身上新长的细毛，这种毛是很细的，所以"秋毫"常用来比喻微小的事物。常见的用法就是"明察秋毫"和"秋毫无犯"。"秋毫无犯"一般形容军队纪律严明，丝毫不侵犯群众的利益。

成语故事

　　齐宣王曾在大殿上看到有人牵着牛从殿下走过，便问："你把牛牵到哪里去？"牵牛的人回答："准备杀了取血祭钟。"齐宣王看到那牛害怕发抖的样子，就说："放了它吧！我不忍心看到它这样。"牵牛的人问齐宣王："那不祭钟了吗？"齐宣王说："怎么可以不祭钟呢？用羊来代替牛吧！"

　　后来，孟子和齐宣王谈到关于王道的见解时，提到了这件事。孟子对齐宣王说："如果有人说，'我可以举起三千斤重的物品，但举不起一根羽毛；我的眼睛能看清秋天鸟兽身上细小的毫毛，却看不见满车的木柴。'您相信这种话吗？"

　　齐宣王说："当然不会相信！"

　　孟子接着说："如今大王您的恩惠能够施及动物，却不能施及老百姓，是为什么呢？一根羽毛拿不起，是因为不愿意费力气拿；一车木柴看不见，是因为不愿意用眼睛看；老百姓不能安居乐业，是因为君王不愿意施恩惠。所以，您之所以不施行德政、王道来统一天下，主要是不愿意这样做，而不是做不到啊！"

　　听了孟子的话，齐宣王恍然大悟。

从善如流

君子曰："从善如流，宜哉！《诗》曰：'恺悌 _{kǎi tì}（和乐平易）
君子，遐不作人。'求善也夫！作人，斯有功绩矣。"

——《左传》

成语释义 形容能迅速地接受别人正确的意见。从：听从。善：好
的、正确的。如流：好像流水向下，形容迅速。

造　　句 他一向从善如流，这也是他成功的原因之一。

近 义 词 从谏如流　从善若流

反 义 词 独断专行　刚愎自用

成语接龙

从善如流 → 流年不利 → 利欲熏心 → 　　　　 → 巧言令色

→ 色艺双绝 → 绝无仅有 → 　　　　 → 日新月异 → 　　　　

咬文嚼字

"如"和"若"皆可

"从善如流"和"从善若流"表达的是同样的意思。"如"
和"若"都可表示"如同，好像"的意思，因此时常可以互换使
用，比如"如出一辙"和"若出一辙"，"如释重负"和"若释
重负"，"如烹小鲜"和"若烹小鲜"，"如数家珍"和"若数家
珍"等。

成语故事

春秋时期，楚国打算攻打郑国。晋国派了栾书为元帅，带着大军去援助郑国。楚军遇到晋军，不敢直接对抗，就撤退了。

好大喜功的晋国将领赵同、赵括等人就催栾书下令攻打楚国的盟国蔡国。但智庄子、范文子和韩献子三位将佐都反对攻打蔡国。他们说："我们是来援救郑国的，现在楚军已经撤退了，我们的目的已经达到了。现在我们借机攻打蔡国，楚国便会去而复返，很难对付。就算我们打赢了，以我们的大军去攻打蔡国这么个小国，有什么光荣的呢？而且，如果打输了，就太耻辱了。"栾书觉得他们说得很有道理，就决定停止攻蔡，撤军回晋。

后人便用"从善如流"来评价栾书的行为，表示他很善于听取别人好的、正确的建议，就像流水向下那样，迅速而又自然。

关于齐宣王的经典故事

在"明察秋毫"的成语故事中，我们提到了齐宣王用羊来代替牛的行为。关于齐宣王的故事，除此之外，还有其他几个经典故事。

有事钟无艳，无事夏迎春

据说，钟无艳是一位德才兼备却容颜丑陋的女子，她虽然长相不佳，但志向远大。当时的齐宣王性情暴躁，喜欢吹竽。钟无艳为拯救国民，冒死去见齐宣王。她向齐宣王陈述了齐国所处的危难境地，并指出如再不悬崖勒马，将会城破国亡。齐宣王听后如梦初醒，大为感动，从此他把钟无艳看成是自己的一面宝镜，并将她立为了王后。

齐宣王在立钟无艳为后之后，同时也宠爱美貌的夏迎春。齐宣王在国家有难之时，则会找貌丑的钟无艳帮忙；而平安无事的时候，则宠幸貌美的夏迎春。于是便有了民间戏语"有事钟无艳，无事夏迎春"之说。

王顾左右而言他

有一次，孟子对齐宣王说："大王，我听说有一个人，因为要出门去楚国，就把自己的老婆和孩子交托给一位好友，请好友给予照顾。可是，等他从楚国回来以后，他才知道自己的老婆和孩子一直过着受冻挨饿的生活，那位朋友一点也没有尽到照顾的责任。您说，这样的朋友，要怎么对待呢？"

齐宣王回答道："当然是和他绝交！"孟子又说："现在，有一个执行法纪、掌管刑罚的官员，面对自己的部下，没有一点威慑的作用。您说，这该怎么办？"齐宣王接着回答："撤了他的官职！"

最后，孟子说："全国上下，政事败乱，人民不能安居乐业。您说，这又该怎么办？"齐宣王听了，看看站在左右的大臣，故意扯开了话题。

语林小憩

一、找出下列成语中的错别字，并改正。

明查秋毫　　错字：[　　]　　　改正：[　　]

历精图治　　错字：[　　]　　　改正：[　　]

两袖轻风　　错字：[　　]　　　改正：[　　]

克己奉工　　错字：[　　]　　　改正：[　　]

从善如留　　错字：[　　]　　　改正：[　　]

二、填字游戏。

	精		治				
			国		天		
国		民					
			邦		地		
					水	难	收
		生		春			
			煽		点		
					热		
			雨				

功亏一篑
gōng kuī yí kuì

呜呼！夙夜罔或不勤，不矜细行，终累大德。为山九仞，功亏一篑。允迪兹，生民保厥居，惟乃世王。

（遵循）　　（他们的）

——《尚书》

成语释义 堆九仞高的山，只缺一筐土而不能完成。比喻做事情只差最后一点没能完成。亏：欠缺。篑：盛土的筐子。

造　句 马上就到山顶了，你这个时候放弃，岂不是功亏一篑？

近义词 功败垂成　前功尽弃

反义词 大功告成　善始善终

成语接龙

功亏一篑 → 溃不成军 → 军令如山 → _____ → 尽人皆知

→ 知人善任 → 任人唯亲 → _____ → 足不出户 → _____

咬文嚼字

"篑" 和 "匮"

　　"匮"字有个"匚"，本义是装衣服的家具。在古代的时候，"匮"和"柜"表示的意思差不多。"匮"和"篑"容易混淆，导致"功亏一篑"经常误写成"功亏一匮"。这里我们只需要记住"篑"表示古代盛土的竹筐子，所以是竹字头。

成语故事

　　周武王灭了殷商之后，就开辟了通往其他国家的道路。当时，西方有一个旅国，国内有一种叫"獒"的大狗。旅国就把"獒"作为宝物献给了周武王。周武王的大臣召公奭（shì）担心周武王玩物丧志，就写了一篇文章，劝谏周武王谨慎对待各方献来的东西，不要把远方的奇玩之物视为珍宝，浪费很多精力在上面，而应该重贤举能，安邦定国，保护百姓。召公奭还在文章中劝谏周武王，请他从早到晚都不要懈怠、懒惰，于细微之处也要谨慎，否则就会损害大德，就像堆了九仞高的土山，最后只差一筐土而没能完成。召公奭认为，如果周武王能听从劝谏，百姓就能安居乐业了。

锱铢必较

zī zhū bì jiào

今始置船场，执事者至多，当先使之私用无罄，则官物坚牢矣。若遽与之屑屑校计锱铢，安能久行乎！

——《资治通鉴》

成语释义 形容非常小气，很少的钱也一定要计较。也比喻气量狭小，很小的事也要计较。

造 句 凡事锱铢必较，只会给自己徒增烦恼。

近义词 铢铢校量　斤斤计较

反义词 不拘小节　慷慨大方

成语接龙

锱铢必较 → 较短量长 → 长短不一 → ⬚⬚⬚⬚ → 气象万千
→ 千奇百怪 → 怪力乱神 → ⬚⬚⬚⬚ → 扬长而去 → ⬚⬚⬚⬚

咬文嚼字

何为"锱铢"？

锱与铢都是**很小的计算单位**。在古代的旧制中，锱是一两的四分之一，铢是一两的二十四分之一。因此，锱铢常用来比喻"**极其微小的数量**"。唐代杜牧写的《阿房宫赋》中，有这样一句话："奈何取之尽锱铢，用之如泥沙？"这句话极为生动地表现了秦朝的掠夺剥削和挥霍无度。

成语故事

唐朝的刘晏是一个很有才能的人，他是历史上有名的经济改革家。他为官时，实施了一系列的改革措施，为唐朝的发展做出了很大的贡献。改革漕运（利用水道调运粮食的一种运输方式）就是其中重要的一项。

当时，江南的粮食需要通过水路运到唐朝的京城长安，途中经常发生翻船的事故，因而损失很大。刘晏根据各条河道的情况，提出了分段运输的方案。为了保证运粮的安全，他又着手建立了十几个造船场。每造一艘船，国家支付一百万铜钿。于是，就有人说："每造一艘船，实际费用不到五十万铜钿。支付一百万，这也超出太多了。"刘晏说："你不能这样想，做大事的人不应该吝惜小钱，要把眼光放长远一些。现在刚刚建造船场，管事的人很多，要先保证给他们的支出，在一定程度上给予他们利益。这样的话，他们造出的船才会坚固耐用。如果与他们锱铢必较，失去人心，这件事就没法长久地干下去。日后，一定会有人觉得我支出的造船费用太多，从而削减造船费用。如果只削减不到一半还可以，如果削减超过一半，这件事就干不成了。"后来，接替刘晏的负责漕运的官吏果然将费用削减了一半，再后来削减得更多了，造船的质量也就越来越差，漕运便难以继续了。

防微杜渐
fáng wēi dù jiàn

此臣骄溢背君，专功独行也。陛下未深觉悟，故天重见戒，诚宜畏惧，以防其祸。诗云："敬天之怒，不敢戏豫。"若敕政责躬，杜渐防萌，则凶妖销灭，害除福凑矣。

yì

chì
（嬉戏逸乐）

——《后汉书》

成语释义 在坏事情、坏思想萌芽的时候就加以制止，不让它继续发展。

造 句 坏习惯往往都是在不经意间养成的，我们要防微杜渐。

近 义 词 防患未然　未雨绸缪

反 义 词 养痈遗患

成语接龙

防微杜渐 → 渐行渐远 → 远道而来 → _____ → 善始善终
→ 终身大事 → 事在人为 → _____ → 表里不一 → _____

咬文嚼字

为何"防微"不"防危"？

乍看之下，好像是"防着危险"更合适，为什么会是"防微"而不是"防危"呢？成语中的"微"表示微小，"渐"表示事物发展的开始，"防"是防止，"杜"是杜绝。整个成语表达的是要在事态刚开始，程度还很小的时候就制止，不让它壮大起来。"微"和"渐"在这里是一对意思相近的词。因此，是"微"不是"危"。

成语故事

东汉时期，年幼的和帝即位后，窦太后暂时掌权。窦太后让她的哥哥窦宪当大将军，又让窦家的各个兄弟担任大官，想掌握国家的军政大权。朝中的大臣看到这种现象，都很担心，博学多才的丁鸿就是其中一位。

后来，天上发生了日食现象，丁鸿就借着这个征兆上书皇帝，说这是不祥之兆，并说窦家就是不祥的原因。他建议和帝趁窦家的权势还没有壮大之前，采取行动，在祸乱萌芽之时就加以遏止，这样才可以消除隐患，使国家长治久安。和帝本来就有这样的打算，于是他迅速撤了窦宪的官，让窦家不再掌权，消除了隐患。

文苑

所以人家子弟，从小时就要择交，遇着愈于健全之身体，身体不强，诗文必弱，诗文既弱，国运随之，故即使善于欢呼，为防微杜渐计，亦应禁止妄作。

——鲁迅

近身。难道小子就有甚么行害着他？但是孩子家心性，不要容他习学惯了，也是防微杜渐之意。

——艾衲居士

懒的小厮，不可容他

055

千里之堤，溃于蚁穴
<small>qiān lǐ zhī dī，kuì yú yǐ xué</small>

千丈之堤，以蝼蚁之穴溃；百尺之室，以突隙之烟焚。故曰："白圭之行堤也塞其穴，丈人之慎火也涂其隙，是以白圭无水难，丈人无火患。"此皆慎易以避难，敬细以远大者也。

——《韩非子》

（lóu）
（guī）
（指老人）

成语释义 千里长的大堤，因为蚂蚁洞穴而溃决。比喻微小的隐患会酿成大的灾祸或损失。

造　　句 千里之堤，溃于蚁穴。你们绝不能有丝毫马虎。

近 义 词 因小失大　失之毫厘，谬以千里

成语接龙

千里之堤，溃于蚁穴 → 穴居野处 → _____ → 惊天动地
→ 地久天长 → 长风破浪 → 浪子回头 → _____ → _____

咬文嚼字

八字成语与四字成语

"千里之堤，溃于蚁穴"是一个八字成语，也可以简化成"蚁穴溃堤"来表达相同的意思，但我们常用的还是八字成语，因为它能更清晰地表达出深层含义。类似的还有"匹夫无罪，怀璧其罪""盛名之下，其实难副"，它们依次也可以说成"匹夫怀璧""盛名难副"。注意，不是所有的八字成语都可以简化成四字成语。

056

成语故事

　　韩非子提出"千丈之堤，以蝼蚁之穴溃"这个说法时，提到了战国时期的一个著名人物——白圭。白圭曾担任魏国的相国，他在防洪方面很有成绩。白圭善于筑堤防洪，并且他勤查勤补，经常巡视防洪堤，一旦发现小洞，即使是极小的蚂蚁洞，也会立即派人填补，以免小洞逐渐扩大、决口，造成大灾害。白圭担任魏相期间，魏国从没有闹过水灾。

水滴石穿

福生有基，祸生有胎；纳其基，绝其胎，祸何自来？泰山之霤穿石，单极之绠断干。水非石之钻，索非木之锯，渐靡使之然也。

（小水流）　　（井梁）（绳索）

——《汉书》

成语释义　水不停地滴，石头也能被滴穿。比喻只要有恒心，不断努力，事情就一定能成功。

造　句　我们要有水滴石穿的精神，每天都要努力学习。

近 义 词　磨杵成针　绳锯木断

反 义 词　半途而废

成语接龙

水滴石穿 → 穿金戴银 → [　　　] → 裹足不前 → 前仆后继

→ 继往开来 → 来去自如 → 如芒在背 → [　　　] → [　　　]

咬文嚼字

"水滴石穿"和"滴水穿石"

　　这是两个同义成语，只是换了名词和动词的位置，表达的意思没有变化。不过，要注意的是，这两个成语在换位置时，前后要同时换，不能只换一部分变成"水滴穿石"或者"滴水石穿"。类似这样的成语还有"翻天覆地"，变换过后就是"天翻地覆"。

成语故事

　　西汉辞赋家枚乘在吴王刘濞那里任郎中，吴王因怨恨朝廷而开始策划谋反时，枚乘曾上书劝吴王不要造反。原因是什么呢？枚乘认为造反是背弃理义、德行有失的行为。他举了很多例子，来说明福的产生有其基础，祸的到来有其根源，造反就是在积祸。他说泰山的泉水能把石头滴穿，汲水的井绳能将井架磨断，但水并不是给石头打眼的钻子，井绳也不是用来拉开木料的锯子，是长时间不停地摩擦才使它们这样的。做多了祸事，到时候就会灭亡。

　　可是吴王并没有听信他的说法，后来，枚乘离开了吴王。

"大"和"小"的成语

大材小用：将大的材料用在小处。多指人事安排上不恰当，浪费人才。

大法小廉：大臣守法尽忠，小臣廉洁守职，各安其位，各司其职。

大呼小叫：高一声低一声地喊叫。形容粗鲁无礼地呼叫，也指人声嘈杂。

大家小户：大大小小的人家，泛指家家户户。

大街小巷：城镇里的街弄，泛指全城的各处地方。

大惊小怪：形容对于不足为奇的事情过分惊讶。

大事化小：把大事变成无足轻重的小事。指出现矛盾纠纷时妥善处理使之淡化。

大同小异：大部分相同，只有略微的差异。

大小不一：有大的，有小的，参差不齐。

小题大做：比喻把小事当作大事来办，有不值得这样做或有意扩大事态的意思。

小惩大诫：对小的过错给予惩罚，以警戒不犯大的错误。

小往大来：指阴暗面逐渐消逝，光明面逐渐增加。比喻事业由小到大，由衰而盛。

以小见大：从小的可以看出大的。指通过小事可以看出大节，或通过一小部分看出整体。

因小失大：为了小的利益或计较小事而造成大的损失。

小不忍则乱大谋：小事情不能忍耐，就会败坏大事。

大人不见小人怪：指位高或有德行者心胸开阔宽广，不责怪一般人的过失。

小巫见大巫：小巫见到大巫，就觉得自己法术没有大巫的高明，于是弃而不为。后形容相比之下，一方远不如另一方。

语林小憩

一、成语接龙，比比谁更快。

- 防 微 杜 □
  行 渐 □
  见 卓 □
  文 断 □
  正 腔 □
  方 凿
  枘

- 落 花 流 □
  滴 □
  石 红
  红 着 □
  红 肥
  红 □
  骨 零
  一 □
  卯
  二

二、先将成语补充完整，再选择成语的反义词，用直线连起来。

功亏一□   临渴掘□

未雨□缪   不□小节

水滴石□   半□而废

锱铢必□   大功告□

niǎo jìn gōng cáng
鸟尽弓藏

范蠡遂去，自齐遗大夫种书曰："蜚(fēi)鸟尽，良弓藏；狡(jiǎo)兔死，走狗烹(pēng)。越王为人长颈鸟喙(huì)，可与共患难，不可与共乐。子何不去？"

——《史记》

成语释义 鸟没有了，弓就藏起来不用了。比喻事情成功之后，就把曾经出过力的人抛弃了。

造 句 兔死狗烹，鸟尽弓藏，这种行为古来常见。

近 义 词 兔死狗烹　过河拆桥　藏弓烹狗

反 义 词 知恩图报

成语接龙

鸟尽弓藏 → 藏头露尾 → 尾大不掉 → _____ → 心猿意马

→ 马耳东风 → _____ → 云消雾散 → 散兵游勇 → _____

咬文嚼字

"鸟尽弓藏"与"兔死狗烹"

　　"鸟尽弓藏"是说鸟没有了，弓箭就可以藏起来了；"兔死狗烹"是说兔子死了，猎兔的狗就可以烹煮吃掉了。原意虽然不同，比喻义却是一样的，都表达了事情成功之后，就把出过力的人抛在一边的意思。这两个词可以连用，也可以单独用。另外，"兔死狗烹"还可以用作"狡兔死，良狗烹"。

成语故事

　　春秋时期，吴国和越国发生战争，越国输了。越王勾践只能向吴国求和，去吴国给吴王夫差当奴仆。勾践回国后，卧薪尝胆，任用大夫文种和范蠡来整顿国政。经过多年的积累，越国最终击败了吴国。越王勾践得以称霸王。

　　范蠡在这时却离开了勾践，还给文种送了一封书信，信上写着：飞鸟打尽了，弹弓就被藏起来；野兔捉光了，猎狗就被杀了煮来吃。越王这个人，只能与他共患难，不能与他同安乐。你怎么还不离开他？

　　文种看了信之后，就经常称病，不去上朝。后来有人恶意中伤文种，勾践便赐了文种一把剑。文种明白了勾践的用意，非常后悔没有听范蠡的劝告，只得引剑自尽了。

束之高阁
shù zhī gāo gé

翼字稚恭。风仪秀伟，少有经纶大略。京兆杜
义、陈郡殷浩并才名冠世，而翼弗之重也，每语
人曰："此辈宜束之高阁，俟天下太平，然后议其
任耳。"
（等待）

——《晋书》

成语释义 把东西捆起来，放置于高楼上。比喻弃置不用。

造　　句 我买了一本名著，打开翻了几页，实在难懂，就束之高
阁了。

近义词 置之不理　置诸高阁

反义词 爱不释手

成语接龙

束之高阁 → 格物致知 → ⬜⬜⬜⬜ → 一念之差 → ⬜⬜⬜⬜

→ 意在言外 → 外圆内方 → 方寸之地 → 地动山摇 → ⬜⬜⬜⬜

咬文嚼字

"束之高阁"与"置之不理"的异同

相似点： 都表示放在一边不管。

差异性： 束之高阁——认为对象有价值，但是不去运用，不去
处置。

置之不理——认为对象不重要，所以态度冷漠，不去理睬。

成语故事

庚翼是东晋人，从小才智过人，志向远大。他在作战中屡立奇功，官至征西将军。与他同时代的殷浩也很有才能，而且口才很好，年轻时就做了扬州刺史，不久又调任建武将军，但在讨伐敌人的战役中，却屡打败仗，被革了职。后来有人向庚翼建议，让殷浩重新出来做官，可庚翼认为殷浩只会高谈阔论，没有真才实干。他这样评价殷浩："对于这类人，现在只适合把他们捆起来放到高楼上去，等到天下太平后，再考虑任用他们。"

数典忘祖

shǔ diǎn wàng zǔ

籍谈不能对。宾出，王曰："籍父其无后乎！数典而忘其祖。"

——《左传》

成语释义 列举国家的礼制掌故，却忘记了自己祖先的职守（掌管国家的史册）。后来用"数典忘祖"泛指忘掉自己本来的情况或事物的本源。

造　　句 无论我们身处何地，都绝不可数典忘祖。

反 义 词 饮水思源

成语接龙

数典忘祖 → 祖宗三代 → 代人受过 → ▢ → 及肩之墙
→ 墙上泥皮 → ▢ → 苦不堪言 → 言之有理 → ▢

咬文嚼字

"数典忘祖"与"邯郸学步"的异同

相似点： 都有忘本，忘记自己本来的情况的意思。
差异性： 数典忘祖——侧重于忘记事物的本源，也比喻对于本国历史的无知。
邯郸学步——侧重模仿不到家，反而把自己原来会的东西忘了。

成语故事

春秋时期，晋国的荀跞和籍谈二人到成周（即西周的东都洛邑）去。周景王举办宴会时，用鲁国进献的宝壶斟酒招待他们，并问他们："各个诸侯国都有宝器进献，晋国怎么没有呢？"籍谈便回答周景王："晋国这个地方太偏僻了，远离王室，没有受过王室的恩惠，所以不能进献宝器。"周景王就开始列举周王室曾经赐给晋国的宝器，说晋国接受了很多周王室赏赐的东西，例如鼓车、皮甲、斧钺、香酒、弓箭等。接着，他便斥责籍谈："你的祖先就是掌管典籍的，你作为掌管典籍的后人，怎么能忘掉这些呢？"籍谈无言以对。

宴席结束之后，周景王说："看来，籍谈的后代不应该再享有禄位了。他在谈论历史时，竟然忘记了自己的祖先。"

文苑

况周秦两家，实为南宋导其先路，**数典忘祖**，其谓之何？

——陈廷焯

遗憾的是我们**数典忘祖**，人家生活在公元前的希腊剧作家，平生事略、生卒年，史册斑斑可考，而我们对关、王这样的大师，也只能笼而统之，断他们生于元代，比西欧文艺复兴时代的莎士比亚、莫里哀早出道三百年以上。

——柯灵

明珠暗投
míng zhū àn tóu

臣闻明月之珠，夜光之璧，以暗投人于道路，人无不按剑相眄（miǎn）者。何则？无因而至前也。蟠木根柢，轮囷（qūn）离诡，而为万乘器者。何则？以左右先为之容也。

（盘绕屈曲）

——《史记》

成语释义 珍贵的东西落入不明价值的人手里，得不到赏识或珍爱。也作"明珠投暗"。

造 句 以你的才华，去这家公司工作，真的是明珠暗投。

近义词 弃明投暗

反义词 弃暗投明

成语接龙

明珠暗投 → 投其所好 → ☐☐☐☐ → 远走高飞 → 飞黄腾达

→ 达观知命 → ☐☐☐☐ → 夕寐宵兴 → 兴师动众 → ☐☐☐☐

咬文嚼字

"明珠暗投"与"弃明投暗"的异同

相似点：都表示投向黑暗、错误的道路。

差异性：明珠暗投——比喻有才能的人去了某个地方，得不到赏识和重用。这个人没去之前的境况好坏是不清楚的。

弃明投暗——强调抛弃之前光明的、正确的道路，投向黑暗的、错误的道路。

成语故事

汉文帝时，有一个人叫邹阳，他以能文善辩闻名于世。他原本是吴王刘濞的门客，因为吴王打算叛乱，就上书劝阻吴王，但是吴王不听，他就离开了吴王，到梁孝王这边当门客。

邹阳很有智谋，又很慷慨，结果遭到羊胜等人的嫉妒。羊胜等人在梁孝王刘武面前说了邹阳的坏话。梁孝王听后很生气，把邹阳关进了监狱。邹阳就在狱中上书梁孝王，举出了很多历史人物的事例，用来证明自己也与先贤一样忠诚，希望梁孝王明察。其中就以"把明珠偷偷投到路上行人的面前，行人看到无不大吃一惊，谁也不敢随便上前去拿"为例子，说明宝物没有原因地被抛到人们面前，就会被无端忌惮。他以明珠比喻自己，认为国君不应该被坏人蒙蔽，而看不到真正有才能的人。

梁孝王看了邹阳的奏书之后，就释放了邹阳，并以贵宾的礼仪对待他。

文苑

又在扬州商家见有虞山游客携送黄杨翠柏各一盆，惜乎明珠暗投。

——沈复

我很欣幸他的得释，就赶紧付给稿费，使他可以买一件夹衫，但一面又很为我的那两本书痛惜；落在捕房的手里，真是明珠投暗了。

——鲁迅

mén kě luó què
门可罗雀

下邽翟公有言，始翟公为廷尉，宾客阗门；及废，门外可设雀罗。翟公复为廷尉，宾客欲往，翟公乃大署其门曰："一死一生，乃知交情。一贫一富，乃知交态。一贵一贱，交情乃见。"

——《史记》

成语释义 门前可以张起网来捕麻雀。形容十分冷落，宾客稀少。
造　　句 这个超市卖的东西比别家要贵，因此门可罗雀。
近 义 词 门庭冷落　门堪罗雀
反 义 词 门庭若市

成语接龙

门可罗雀 → 雀屏之选 → 选贤与能 → [　　　　] → 道听途说
→ 说三道四 → [　　　　] → 歌功颂德 → 德才兼备 → [　　　　]

咬文嚼字

为何是"罗雀"而不是"罗鹊"？

"雀"和"鹊"都是鸟的名称，为什么是"罗雀"，而不是"罗鹊"呢？这就要看看"雀"和"鹊"分别指的是什么鸟了。"雀"一般指麻雀，这种鸟的叫声叽叽喳喳，用在成语中表现喧闹或安静，比如"门可罗雀"表示冷清，"鸦雀无声"表示安静。"鹊"一般指喜鹊，是人们喜爱的一种鸟，民间传说听见它的叫声将有喜事来临，常用来表示好的寓意，比如"声名鹊起"等。

成语故事

汉朝时期，汲黯和郑庄两位大臣曾经位列九卿，很有名气，既有权势，又有威望，因此他们家里总是有很多宾客。后来，汉武帝罢了他们的官。他们失去了权势，家里渐渐贫困起来，也就没有什么宾客了。

司马迁在写《史记》时，还提到了下邽的翟公。

翟公曾经当过廷尉，那时候，每天都有很多人到他家拜访。后来他被罢了官，就没有几个人来登门，门前冷落得可以张起网来捕捉鸟雀。然而，没过多久，翟公又官复原职，于是又有很多人到他家拜访。翟公因此很有感慨，就在门上写了几句话："一死一生，乃知交情。一贫一富，乃知交态。一贵一贱，交情乃见。"这句话的意思是：经过了生死之难，才知道交情的厚薄；经过了贫富的变化，才知道人和人交往的心态；经过了贵贱的变化，才能看出交往的真情。

受人重视的成语

视民如子：对待百姓就像对待自己的子女那样。形容非常爱护百姓。

委重投艰：委以重任，授予艰难使命。

左膀右臂：比喻十分得力的助手。

爱人好士：指爱护、重视人才。

负弩前驱：背负弓箭，开路先行。古代迎接贵宾之礼。

虚左以待：古礼主人居右，宾客居左，以左为尊位。后用"虚左以待"表示空出尊位接待宾客、贵人。也指留出位置恭候他人。

三沐三熏：多次沐浴并用香料涂身，这是我国古代对人极为尊重的一种礼遇，表示待人虔敬和尊重。

焚香顶礼：烧香礼拜。形容虔诚地崇拜。

怒蛙可式：向鼓足了气的青蛙致敬，表示对勇士的尊敬。

众星捧月：许多星星衬托着月亮。比喻众人拥护着一个他们尊敬、爱戴的人。

语林小憩

一、照样子，写出一些含有反义词的成语。

例：**明**珠**暗**投

声 [　] 击 [　]　　　　[　] 眼 [　] 珠　　　　举足 [　] [　]

[　　　　　]　　　　[　　　　　]　　　　[　　　　　]

[　　　　　]　　　　[　　　　　]　　　　[　　　　　]

二、给下面的句子补充合适的成语，填在横线上。

1. 书买来就是要看的，不能＿＿＿＿＿＿呀！

2. 之前他生意做得风生水起，家里时常有人拜访。后来，他的公司破产了，家里便＿＿＿＿＿＿了。

3. "狡兔死，良狗烹"与成语"＿＿＿＿＿＿"的意思差不多。

三、写出含有相应偏旁的字，再分别写成语。

日 [　]——[　　　]　　[　　　]　　[　　　]
　　[　]——[　　　]　　[　　　]　　[　　　]

饣 [　]——[　　　]　　[　　　]　　[　　　]
　　[　]——[　　　]　　[　　　]　　[　　　]

扌 [　]——[　　　]　　[　　　]　　[　　　]
　　[　]——[　　　]　　[　　　]　　[　　　]

李广难封

lǐ guǎng nán fēng

> 嗟乎！时运不齐，命途多舛。冯唐易老，李广难封。屈贾谊于长沙，非无圣主；窜梁鸿于海曲，岂乏明时？所赖君子见机，达人知命。
>
> ——《滕王阁序》

成语释义 本指西汉名将李广屡立战功，却始终未能封侯。后用来慨叹时运不济，功劳显赫却难得封赏。

造　　句 古代有"冯唐易老，李广难封"，现在有我满腹才华，无处可用啊！

近 义 词 李广未封　时运不济

成语接龙

李广难封 → 封豕长蛇 → ☐☐☐☐ → 肠肥脑满 → 满城风雨 → 雨过天晴 → 晴空万里 → 里应外合 → ☐☐☐☐ → ☐☐☐☐

咬文嚼字

"李广难封"说法多

李广一直没有被封侯，后人也对此感到困惑与同情，因此衍生出"李广难封""李广不侯""李广未封"等多个成语来形容他的命途多舛。这些成语在表达上没有什么区别，我们在使用时，可以任意选一个来用。

成语故事

李广是西汉时期的名将，他小时候就学会了弓箭，能射得一手好箭，从军后依靠军功升为中郎。他与匈奴人打过许多硬仗，曾经担任骁骑将军，率领一万多的骑兵出雁门攻打匈奴。匈奴人数多，李广这边的人数少，后来李广负伤被俘，匈奴士兵就把他放在两匹马之间驮着。李广醒来后，伺机一跃而起，夺了一匹马逃了出来。他的勇猛让匈奴都为之赞叹，称他为"飞将军"。

后来，李广在一次出征时迷失了方向，没有按计划率军到达目的地，导致军情延误。他不愿牵连部下，最后自杀了。

李广一生与匈奴作战，打了七十余场大大小小的仗，却始终没能被封侯，令人非常惋惜。

楚材晋用

chǔ cái jìn yòng

声子通使于晋。还如楚，令尹子木与之语，问晋故焉，且曰："晋大夫与楚孰贤？"对曰："晋卿不如楚，其大夫则贤，皆卿材也。如杞、梓、皮革，自楚往也。虽楚有材，晋实用之。"

——《左传》

成语释义 楚国的人才为晋国所用。比喻本地或本国的人才外流被别处或别国使用。

造　　句 这家公司的待遇偏低，以致楚材晋用，人才外流。

反 义 词 楚得楚弓

成语接龙

楚材晋用 → 用心良苦 → ☐☐☐☐ → 想方设法 → 法不阿贵
→ 贵不可言 → ☐☐☐☐ → 从容自若 → 若无其事 → ☐☐☐☐

咬文嚼字

"楚才"为何不可？

"才"主要指才能，还可从才能方面指某类人；"材"则指材料、资料、某类人。在表示某类人时，"材"并没有侧重才能方面。所以"才"常组词为"才干""人才""奇才"等，而"材"常组词为"材料""木材""蠢材"等。"楚材晋用"里的"材"原意指的是杞、梓、皮革这些材料，因而不能用"才"。

076

成语故事

　　春秋时期，蔡国的大夫声子出访晋国后，与楚国令尹子木谈起晋国的情况，讲了许多楚国的人才在晋国发挥了才能的例子。

　　比如，楚国发生子仪之乱时，析公逃到了晋国，晋国人让他做了谋士。在绕角战役中，晋军失利，准备逃跑，析公却提出建议："楚军很容易被动摇。如果晋军在晚上擂起战鼓，进攻他们，他们一定会逃跑。"晋国人就采纳了他的意见，果然获得了胜利。

　　还有关于雍子的例子。雍子的父亲和哥哥诬陷雍子，没人替雍子主持公道，雍子只好逃到了晋国，晋国人也让他做了谋士。在彭城战役中，晋军与楚军相遇，晋军打算撤退时，雍子建议老幼撤退，孤儿和病人撤退，兄弟二人一起服兵役的，撤退一个，然后精选步兵，检阅兵车，喂饱战马，烧掉帐篷，第二天决战。他的建议被采纳了，后来晋军果然把楚军打败了。

文苑

我化了钱，教出了有理智的子弟，他既近情于读书，自然在可能范围内，不要打断求学机会……要楚材晋用，那是不可能的。

——邹韬奋

人，却叫外国人去用，这才是『楚材晋用』呢。

——吴趼人

良禽择木
liáng qín zé mù

仲尼曰："胡簋（盛粮食的祭器）之事，则尝学之矣。甲兵之事，未之闻也。"退，命驾而行，曰："鸟则择木，木岂能择鸟？"

——《左传》

成语释义 好鸟择木而居。比喻贤者择主而事。

造　　句 俗话说：良禽择木而栖。你要慎重地做选择呀！

近义词 择主而事　择木而处

成语接龙

良禽择木 → 木已成舟 → [　　　　] → 顿足不前 → 前仰后合
→ 合情合理 → [　　　　] → 壮志凌云 → 云泥之别 → [　　　　]

咬文嚼字

"良禽择木"和"择木良禽"

　　"良禽择木"和"择木良禽"这两个成语，前后两部分调换了一下位置，意义就不同了。"良禽择木"强调的是择木这个行为，表示贤臣择主而事；"择木良禽"强调的是良禽这个名词，表示择主而事的人是贤能的人。一个说事，一个说人，侧重点是不一样的。

成语故事

　　春秋时期，卫国的太叔疾逃亡到了宋国，娶了宋国人子朝的女儿为妻，妻子的妹妹也受到太叔疾的宠爱。后来，子朝因故出逃，卫国的大夫孔文子便要求太叔疾抛弃妻子，娶自己的女儿。太叔疾娶了孔文子的女儿后，又把他前妻的妹妹安置在另外一个宅子里，就像娶了两个妻子一样。孔文子因此大怒，打算攻打太叔疾。

　　孔文子在攻打太叔疾之前，去征求孔子的意见。孔子一直看不惯孔文子的行为主张，他说："和礼仪相关的事，我是知道的；和打仗相关的事，我从来都没有听说过。"说完他便告退，叫人套上车要走时，又说："飞鸟可以选择树木，树木怎么能选择飞鸟呢？"孔文子急忙劝阻他说："我不是为自己打算，是为了防止卫国的祸患。"后来，孔文子没有攻打太叔疾，只是接回了自己的女儿。

凤毛麟角

fèng máo lín jiǎo

王母殷淑仪卒，超宗作诔奏之，帝大嗟赏，谓谢庄曰："超宗殊有凤毛，灵运复出。"

——《南史》

成语释义 凤凰的羽毛，麒麟的角。比喻珍贵而稀少的人或物。

造　　句 现在，像他这样的人才可以说是凤毛麟角了！

近义词 百里挑一　寥寥无几　屈指可数

反义词 比比皆是　汗牛充栋　车载斗量

成语接龙

凤毛麟角 → 角立杰出 → _____ → 料事如神 → 神出鬼没

→ 没齿难忘 → 忘恩负义 → 义薄云天 → _____ → _____

咬文嚼字

"凤"与"麟"

凤是凤凰，麟是麒麟，它们都是古代传说中的动物，并且都有象征祥瑞的意思，因而常常一起被提及。提及这两种动物的成语还有"麟凤一毛""麟角凤觜"，它们与"凤毛麟角"一样，都表示珍贵、稀有的意思。除了这两个成语，还有"凤雏麟子""麟肝凤脯""麟子凤雏"等成语中也含有这两种动物名称。

成语故事

　　南朝时期，有位著名的诗人名叫谢灵运，他的儿子叫谢凤，谢凤又生了个儿子叫谢超宗。谢超宗很有才学，文风清新秀丽，颇有祖父谢灵运的风范。宋孝武帝看到了他的一篇文章后，很喜欢他的文采，就说："超宗殊有凤毛，可以说是又一个谢灵运。"

　　当时，右卫将军刘道隆也在场。刘道隆是一介武夫，没听懂宋孝武帝的意思。他听到"凤毛"一词，还以为谢家有稀罕的宝物，于是就到谢家去找谢超宗，要谢超宗拿出凤毛给他看看。因为谢超宗的父亲名"凤"，叫"凤毛"触犯了谢超宗的家讳，使得谢超宗慌慌张张地躲进了室内。刘道隆不知怎么回事，还以为谢超宗进屋去找凤毛了，他一直在谢家等到天黑也不见谢超宗出来，最后只得悻悻地走了。

高才疾足

gāo cái jí zú

秦之纲绝而维弛，山东大扰，异姓并起，英俊乌集。秦失其鹿，天下共逐之，于是高材疾足者先得焉。

（同"才"）

——《史记》

成语释义　形容才能出众，行动敏捷。

造　　句　在那个时代，一些高才疾足的谋士成了扭转时势的关键人物。

近 义 词　高才捷足

成语接龙

高才疾足 → 足智多谋 → ☐☐☐☐ → 命世之才 → 才德兼备
→ 备而不用 → 用心良苦 → ☐☐☐☐ → 心直口快 → ☐☐☐☐

咬文嚼字

各路"高才"，各有风采

高才奥学：才能出众，学问深奥。
高才大德：才能出众，德行高尚。
高才疾足：才能出众，行动敏捷。
高才绝学：才能出众，学问超绝。
高才硕学：才能出众，学问渊博。
高才卓识：才能出众，见识远大。

成语故事

　　韩信是汉代有名的军事家，他用兵如神，帮助刘邦打天下，威名远扬。当时，韩信的辩士蒯（Kuǎi）通劝说韩信反叛刘邦。韩信念及刘邦的赏识之恩，没有听蒯通的劝告。

　　刘邦当上皇帝之后，削弱了韩信的兵权和势力。韩信心有不满，于是暗中谋反。后来，韩信计谋败露，被吕后骗入宫中处死。临死前，韩信叹道："我真悔恨当初没听蒯通的建议，现在才会枉死在一个妇人手里。"这话被刘邦知道了，他就捉来蒯通审问。蒯通如实交代后，气愤至极的刘邦下令要煮了蒯通。眼见自己要被煮，蒯通大喊自己是冤枉的，他对刘邦说："秦朝纲法败坏、政权瓦解的时候，诸侯国大乱，纷纷起事。那时，天下英雄豪杰就像乌鸦一样聚到一起。秦朝失势时，帝位被天下英杰抢夺，最后，自然是才能出众、行动敏捷的人能得到帝位。柳下跖（zhí）的狗会对着尧狂叫，并非是尧不仁德，而是因为尧不是狗的主人。当时，我是韩信的部下，为他出谋划策是理所当然的事。而且，和您争夺天下的英雄豪杰这么多，他们只是因为才能和力量不如你而失败了。难道你能把他们都煮了吗？"

　　听了这些话，刘邦觉得很有道理，就释放了蒯通。

关于李广的成语

除了"李广难封"之外，与李广这位传奇人物相关的成语还有另外一些。

没石饮羽：指射箭入石，箭镞和箭杆后的雕翎全都隐没不见。比喻功力精湛。

广出猎，见草中石，以为虎而射之，中石没镞，视之石也。

——《史记·李将军列传》

桃李不言，下自成蹊：桃李不会讲话，但人们却在树下踏出了一条小路。比喻人品高尚，不用自我宣扬，自然能受到人们的尊重和敬仰。

余睹李将军悛悛如鄙人，口不能道辞。及死之日，天下知与不知，皆为尽哀。彼其忠实心诚信于士大夫也？谚曰"桃李不言，下自成蹊"。

——《史记·李将军列传》

飞将数奇：飞将军李广没能封侯，命运不好。比喻人运气不好，遭遇不佳。

广自请曰："臣部为前将军，今大将军乃徙令臣出东道，且臣结发而与匈奴战，今乃一得当单于，臣愿居前，先死单于。"大将军青亦阴受上诫，以为李广老，数奇，毋令当单于，恐不得所欲。

——《史记·李将军列传》

语林小憩

一、成语含义连连看。

良禽择木	比喻时运不济。
李广难封	比喻珍贵而稀少的人或物。
楚材晋用	比喻贤者择主而事。
高才疾足	比喻才能出众，行动敏捷。
凤毛麟角	比喻本地或本国的人才外流，被别处或别国使用。

二、选择正确的选项。

1. 劝说韩信反叛刘邦的是哪位历史人物？（　　　）

　　A. 李广　　　　　B. 谢灵运　　　　　C. 蒯通

2. "良禽择木"是哪位历史人物说的？（　　　）

　　A. 太叔疾　　　　B. 孔子　　　　　　C. 谢凤

3. "没石饮羽"是关于哪位历史人物的成语？（　　　）

　　A. 谢超宗　　　　B. 狄仁杰　　　　　C. 李广

三、从九宫格中选择四个字组成一个成语。

将	毛	遗
凤	飞	奇
数	沧	楚

冯	百	良
易	挑	唐
一	李	里

_____　　　_____

皮之不存，毛将焉附

pí zhī bù cún　　máo jiāng yān fù

> 　　冬，秦饥，使乞籴(dí)于晋，晋人弗与。庆郑曰："背施无亲，幸灾不仁，贪爱不祥，怒邻不义。四德皆失，何以守国？"虢(Guó)射曰："皮之不存，毛将安傅？"
>
> 　　　　　　　　　　　　　　　　——《左传》

成语释义　皮都没有了，毛往哪里依附呢？比喻事物失去了借以生存的基础，就不能存在。

造　　句　我们生活在地球上，地球被破坏了，我们到哪里去生活？皮之不存，毛将焉附？

近 义 词　相辅相成　反裘负刍

成语接龙

皮之不存，毛将焉附 → 附庸风雅 → 　　　　　 → 赏心悦目 → 　　　　　 → 浅尝辄止 → 止于至善 → 善始善终 → 　　　　　

咬文嚼字

"焉附" "安附" "安傅"

> 　　"皮之不存，毛将焉附"还可以写作"皮之不存，毛将安附""皮之不存，毛将安傅"。"焉"和"安"都可以表示"哪儿，哪里"的意思，"附"和"傅"也都可以表示"依附，附着"的意思。

成语故事

春秋时期，晋国发生内乱，公子夷吾逃到了秦国。为了让秦王助他回国当上国君，夷吾承诺，事成之后就割让部分国土给秦国。在秦国的帮助下，夷吾当上了国君，是为晋惠公，但他没有履行给秦国的诺言。

后来，秦国闹了饥荒，派人到晋国去求购粮食。晋惠公不想答应秦国的要求，大夫庆郑对此十分不满，认为这是背信弃义的行为。他说："背弃恩惠就没有亲人，幸灾乐祸就是不仁，贪图所爱惜的东西就是不祥，使邻国愤怒就是不义，这四种道德都丢掉了，用什么来保卫国家呢？"大夫虢射却认为，之前晋国没有履行割让国土给秦国的诺言才是根本的问题，如果这个问题没有解决，只答应卖粮食给秦国，就好比只有毛而没有皮。皮都不存在了，毛能依附在哪里呢？所以他觉得，即使卖了粮，秦国对晋国的怨恨也不会减少，反而会增强秦国的实力，还不如不卖。

晋惠公听了虢射的意见，拒绝向秦国卖粮。后来，秦、晋之间发生战争，晋惠公兵败，当了秦国的俘虏。

覆巢之下无完卵
fù cháo zhī xià wú wán luǎn

孔融被收，中外惶怖。时融儿大者九岁，小者八岁，二儿故琢钉戏，了无遽容。融谓使者曰："冀罪止于身，二儿可得全不？"儿徐进曰："大人岂见覆巢之下，复有完卵乎？"寻亦收至。

——《世说新语》

成语释义 翻倒的鸟窝里不会有完好的卵。比喻整体一旦倾覆，个体也无法幸存。

造　　句 覆巢之下无完卵的道理想必你能明白，不用我多说了。

近 义 词 覆巢破卵

成语接龙

覆巢之下无完卵 → 卵不敌石 → 石破天惊 → [　　　　]

→ 浪子回头 → 头破血流 → [　　　　] → 返璞归真 → [　　　　]

咬文嚼字

"覆巢之下无完卵"与"覆巢破卵"的异同

相似点： 都比喻灭门之灾，无一幸免。

差异性： 覆巢之下无完卵——强调整体毁灭，个体也不能幸免的道理。

覆巢破卵——强调整体毁灭的状态。

成语故事

东汉末年有一位文学家叫孔融，他从小就很聪明，长大后更是富有才华，有很高的名望。他性情刚直，好评议时政，写的文章很多都针砭时弊。他还多次攻击、讽刺曹操，因此，曹操对他十分忌惮。后来，郗虑诬陷孔融，曹操趁机给孔融安上了"欲图不轨"的罪名，命令廷尉逮捕了孔融。

孔融被捕的时候，他的两个儿子正在院中玩耍，大的九岁，小的八岁，他们一点也不害怕。孔融对来抓捕他的人说："我一个人犯的罪，自己承担，是否可以放过两个孩子？"他的儿子从容地说："父亲，难道在被打翻的鸟窝下面，还会有完好的鸟蛋吗？"不久，两个孩子也被抓走了。

唇亡齿寒

chún wáng chǐ hán

> 　　不可许也。虞之与虢也，若车之有辅也，车依辅，辅亦依车。虞虢之势是也。先人有言曰："唇竭而齿寒。"
>
> ——《吕氏春秋》

成语释义　嘴唇没了，牙齿就会感到寒冷。比喻两者关系密切，休戚相关。

造　　句　我们两家公司关系密切，唇亡齿寒，哪能不帮你们渡过难关？

近 义 词　唇揭齿寒　唇齿相依

反 义 词　隔岸观火

成语接龙

唇亡齿寒 → 寒冬腊月 → ⬚⬚⬚⬚ → 高风亮节 → 节衣缩食

→ 食古不化 → 化为乌有 → ⬚⬚⬚⬚ → 力争上游 → ⬚⬚⬚⬚

咬文嚼字

"唇亡齿寒"和"唇腐齿落"

　　"唇亡齿寒"和"唇腐齿落"这两个成语乍看之下，好像表示的意思差不多，其实这两个成语表达的意思完全不同。"唇亡齿寒"表示嘴唇没有了，牙齿会感到寒冷，比喻关系很密切；而"唇腐齿落"表示诵读诗书的时间太长，使得嘴唇腐烂，牙齿脱落，比喻读书极为刻苦。

成语故事

　　春秋时期，晋国国君晋献公为了攻打虢国，派大夫荀息到虞国去借路。荀息带着美玉和良马来到虞国。虞国国君很喜欢美玉和良马，就打算答应借路给晋国。虞国的大夫宫之奇连忙劝阻："国君不能答应啊！虞国和虢国的关系十分密切，就像嘴唇和牙齿一样，嘴唇没有了，牙齿就会受寒。如果我们把路借给晋国，让晋国去攻打虢国，那么，假使虢国在早上灭亡，虞国在晚上恐怕就会跟着灭亡了！"

　　虞国国君不听宫之奇的劝告，把路借给了晋国。荀息打下虢国后，回国的路上就顺便打下了虞国。

文苑

术曰："汝主不因曹汉阳有失，武昌之兵困急，岂肯以女许地如唇亡齿寒，究我？"楷曰："明上今不相救，恐唇亡齿以何策保之？
寒，亦非明上之福　　　　——黄世仲
也。"

——罗贯中

围魏救赵
wéi wèi jiù zhào

今梁赵相攻，轻兵锐卒必竭于外，老弱罢于内。君不若引兵疾走大梁，据其街路，冲其方虚，彼必释赵而自救。是我一举解赵之围而收弊于魏也。

——《史记》

成语释义 原指战国时齐军用围攻魏国的方法，迫使魏国撤回攻赵部队而使赵国得救。后指袭击敌人后方的据点以迫使进攻之敌撤退的战术。

造　　句 这次我要采用"围魏救赵"的计策，不然没法收场了。

近义词 声东击西　调虎离山

成语接龙

围魏救赵 → 赵礼让肥 → [　　　　　] → 耳聪目明 → 明目张胆
→ 胆大心细 → 细枝末节 → [　　　　　] → 枝繁叶茂 → [　　　　　]

咬文嚼字

"围魏救赵"与"声东击西"的异同

相似点：都表示在这边做一件事，但目的在另一边。

差异性：围魏救赵——主要指通过攻击敌人的要害，迫使敌人退却，达到一定的目的。

声东击西——主要指通过表面上的行动迷惑敌人，然后在暗地里做另外一件事。

成语故事

战国时期，魏国派兵攻打赵国。赵国形势危急，便请求当时的强国——齐国救援。齐国的国君齐威王任命田忌为大将，让孙膑做军师，率领八万兵士救赵。

田忌打算领兵到赵国去救援，孙膑却提出不同的意见。孙膑认为，魏国为攻打赵国，精锐部队都派到外面去了，国内只剩些老弱残兵。不如率军直接包围魏国的都城大梁，占据它的交通要道，袭击它空虚的地方，这样魏国必然放下赵国回兵自救。

田忌采纳了孙膑的意见，派兵攻打大梁。魏军果然放弃包围赵国，他们在归途中与齐军相遇，被齐军打得落花流水。

文苑

倘用围魏救赵之计：解放军攻城部队八仙过海各显神通，引围魏救赵者有，蛇出洞者有，攻点打援者有，里应外合者有。

——徐贵祥

且不来解此处之危，反去取我梁山泊大寨，如之奈何？

——施耐庵

成也萧何，败也萧何

chéng yě xiāo hé　　bài yě xiāo hé

> 信之为大将军，实萧何所荐，今其死也，又出其谋，故俚语有"成也萧何，败也萧何"之语。
>
> ——《容斋随笔》

成语释义 成事由于萧何，败事也由于萧何。比喻事情的成功和失败都是由这一个人造成的。萧何：汉高祖刘邦的丞相。

造　　句 你的画风比较有新意，这是因为你是自学的画画，但也正因为如此，你没有接受正规的训练，所以在技巧上有不足之处，可以说是"成也萧何，败也萧何"。

成语接龙

成也萧何，败也萧何 → 何以家为 → ⬚⬚⬚⬚ → 世风日下
→ 下不为例 → 例行公事 → ⬚⬚⬚⬚ → 迟暮之年 → ⬚⬚⬚⬚

咬文嚼字

八字成语

　　"成也萧何，败也萧何"是一个八字成语，前四个字与后四个字只有一字之差，并且"成""败"是一对反义词。这样的格式在成语中是极少见的，与这个成语的格式相近的有"水能载舟，亦能覆舟""乘兴而来，败兴而归""呼之即来，挥之即去"等成语，但都没有达到只差一字的效果。

成语故事

西汉时期的名将韩信初到刘邦军中时，刘邦只让他当一个管理粮草的小官。韩信认为不得志，就一气之下离开了。

刘邦军中的萧何知道韩信是个不可多得的奇才，听说韩信跑了，来不及向刘邦禀报就出去追赶，追了两天两夜才把韩信追回。

萧何追回韩信后，他力劝刘邦拜韩信为大将军。刘邦接受了萧何的建议。此后，韩信指挥汉军与项羽的楚军作战，为刘邦夺取天下立下了赫赫战功。

但是后来，韩信被人诬告是叛军的同谋。当时刘邦在外平叛，吕后便派人把萧何找来商量。萧何出谋划策，与吕后一起杀死了韩信。于是后人便说韩信是"成也萧何，败也萧何"。

文苑

祸常因酒，酒亦令人能介寿。成也萧何，败也萧何更是多。

——沈瀛

成也萧何，败也萧何，媒人竟是那个嘴上长疔的长舌妇。

——刘绍棠

与战术相关的成语

攻心为上：战争中以征服人心为上策的作战方针。

先发制人：指争取主动权，先动手来制服对方。

后发制人：等对方先动手，再抓住有利时机反击，制服对方。

置之死地而后生：原指作战时把军队布置在无法退却、只有战死的境地，兵士就会奋勇前进，杀敌取胜。后比喻事先断绝退路，就能下决心，取得成功。

攻其无备，出其不意：原指行军、打仗时，要在对方没有防备时发动进攻。后亦指行动时出乎人的意料。

明修栈道，暗度陈仓：比喻在表面上用某一行动迷惑对方，实际上却另有打算。

避实击虚：避开敌人的主力所在，攻击其防御薄弱之处。

缓兵之计：延缓对方进攻的计策。指拖延时间，然后再想办法。

各个击破：指利用优势兵力将被分割开的敌军逐一消灭。有时也比喻将问题逐个解决。

兵不厌诈：作战时尽可能地用假象迷惑敌人，以取得胜利。

兵无常势：用兵没有一成不变的形势。也指办事要灵活处理，具体问题具体分析。

远交近攻：结交远方的国家，进攻邻近的国家。后指一种待人处世的手段。

曳兵之计：指佯败而逃，把敌人引入埋伏圈。

反间之计：原意为利用敌人的间谍把假情况告知敌人，使之失误的计策。后来指离间敌人内部，使之不团结的计策。

语林小憩

一、成语不全是四个字的，还有三个字、五个字、六个字等形式的。
　　按照下面的例子，写出与其形式相同的成语。

落水狗

<table>
<tr><td></td><td></td></tr>
</table>

覆巢之下无完卵

<table>
<tr><td></td><td></td></tr>
</table>

既来之，则安之

<table>
<tr><td></td><td></td></tr>
</table>

置之死地而后生

<table>
<tr><td></td><td></td></tr>
</table>

皮之不存，毛将焉附

<table>
<tr><td></td><td></td></tr>
</table>

做一天和尚撞一天钟

<table>
<tr><td></td><td></td></tr>
</table>

长他人志气，灭自己威风

<table>
<tr><td></td><td></td></tr>
</table>

二、试试看，你能找出几个成语。

毛	救	心	避	覆
唇	完	皮	为	将
焉	巢	虚	卵	之
亡	齿	不	缓	就
攻	赵	上	魏	围
附	无	各	计	存

^{xìn kǒu cí huáng}
信口雌黄

王衍，字夷甫，能言，于意有不安者，辄更易之，时号口中雌黄。

——《晋阳秋》

成语释义 古人用黄纸写字，写错了，就用雌黄涂抹后改写。比喻不顾事实，随口乱说。

造　　句 我从未做过任何违法的事，你不要信口雌黄。

近 义 词 胡说八道　信口开河

反 义 词 言之凿凿

成语接龙

信口雌黄 → 黄粱美梦 → _____ → 求同存异 → 异想天开

→ 开天辟地 → 地平天成 → _____ → 业精于勤 → _____

咬文嚼字

"信口"之词

"信"表示随意的意思，"信口"表示随意开口说话，不假思索。除了"信口雌黄"之外，还有"信口胡说""信口胡言""信口开河""信口胡诌"几个成语，都表示没有事实根据地胡乱说话。这几个词一般都可以互换使用。

成语故事

晋朝有一位清谈家，名叫王衍。他年轻时就很喜欢谈书论道。后来他当了官，很少办公事，反而经常和人们在一起闲聊，发表各种议论。

王衍喜欢老子和庄子的学说，经常拿着麈尾拂尘，与别人大肆谈论老子和庄子的玄妙道理。但是，他在谈论中经常把老子和庄子的理论讲错，前后矛盾，漏洞百出。如果有人指出他的错误，或者质疑他，他就满不在乎地随口更改。于是，人们就说他是"口中雌黄"。

后来，羯族人石勒起义，王衍被俘。他在与石勒谈话时，还推卸责任，并且为了活命，劝石勒称帝。石勒非常憎恶这种行为，一怒之下把王衍杀了。

文苑

哼，你这信口雌黄的文学班影视班请的无赖！要你才是到处都是名作家名演受贿，专门卖国的奸员，有的连讲稿都猾小人！没有，上了讲台信

——郭沫若

口雌黄乱侃一通，学生意见很大。

——王小鹰

骇人听闻

^{hài rén tīng wén}

初撰齐志，为编年体，二十卷，复为齐书纪传一百卷，及平贼记三卷。或文词鄙野，或不轨不物，骇人视听，大为有识所嗤鄙。

——《隋书》

成语释义 使人听了非常吃惊、害怕。多指怪诞、诡异的言行。

造　　句 这个事件实在是骇人听闻，我久久不能平静。

近义词 骇人视听　骇人闻见

成语接龙

骇人听闻 → 闻风丧胆 → ＿＿＿＿ → 为富不仁 → 仁至义尽
→ 尽释前嫌 → 嫌贫爱富 → 富可敌国 → ＿＿＿＿ → ＿＿＿＿

咬文嚼字

千万别"'害'人听闻"

"骇"是震惊的意思。而"害"字有多种意思，可以表示"祸害；害处"，也可以表示"使受损害"等意思。"骇人听闻"这个成语的意思是人听了某件事很震惊，可不是害得某人去听了什么事噢！

成语故事

隋朝有个名叫王劭的人，他小时候就很聪明，喜欢读书，并且因超强的记忆力而出名。隋文帝听闻王劭的才气，就把他召到宫里，让他担任著作佐郎。

王劭虽然有才，但并不走正道，而是把精力都用在了溜须拍马、阿谀奉承上。

一次，隋文帝梦见自己在爬一座高山，却怎么也爬不上去，后来在侍从崔彭的帮助下终于爬了上去。王劭听说后，就对隋文帝奉承道："您这个梦大吉啊！高山象征您的地位很稳固，崔彭代表了长寿的彭祖。这个梦表示您是长寿之人啊！"隋文帝听了非常高兴。然而真是这样吗？并不是。过了没多久，隋文帝就崩逝了。

除了溜须拍马，王劭还常常讲些荒诞怪异、令人难以置信的事情来哄骗皇帝。他担任著作佐郎期间，除了著有《齐志》《齐书》《平贼记》这些史书外，还记录了不少迂怪不经的故事和街头的传闻轶事。他的一些奇谈怪论遭到有识之士的鄙弃，被认为是骇人听闻。

防民之口，甚于防川
fáng mín zhī kǒu，shèn yú fáng chuān

防民之口，甚于防川。川雍^{yōng}（堵塞）而溃，伤人必多，民亦如之。是故为川者决之使导，为民者宣之使言。

——《国语》

成语释义 防堵百姓的嘴，比防堵河流所造成的后果更严重。比喻不让民众说话，压制言论，会酿成大祸。

造　　句 领导者要善于听取各方面的意见，要知道防民之口，甚于防川。

成语接龙

防民之口，甚于防川 → ☐☐☐☐ → 息事宁人 → 人人自危

→ 危言耸听 → ☐☐☐☐ → 命中注定 → 定于一尊 → ☐☐☐☐

咬文嚼字

"川"是四川吗？

看到"川"字，有些人的第一反应就是四川，但显然在"防民之口，甚于防川"这个成语中，"川"字不是指四川。"川"除了指四川之外，还可以指河流，比如河川、山川、百川归海，在"防民之口，甚于防川"这个成语中，"川"就是这个意思。另外，"川"还可以指平地、平野，比如一马平川、米粮川。

成语故事

　　周朝的周厉王十分残暴，且奢侈荒淫。百姓们本就艰苦的生活因为他而雪上加霜，所以民间对他的怨恨情绪很大。周厉王不满民众对他的咒骂，就专门派人去民间监视——有谁敢骂周厉王，就要遭到严厉的处罚。于是，人们都不敢随意说话了，整个国家死气沉沉。

　　周厉王见到此情景，非常高兴地对召穆公说："你看，人们已经不说我什么了。"召穆公却严肃地说："阻止人民说话造成的危害，比堵塞河川引起的水灾还要严重。堵塞河流，水涨堤溃，伤人更多，因此应该采用疏通河道的治水方法。治民也是如此，应该广开言路。"

　　但是，周厉王对召穆公的劝告不管不顾，依旧施行他的暴政。不久，便发生了人民暴动，周厉王只得偷偷逃走了。

一诺千金
yí nuò qiān jīn

楚人谚曰"得黄金百（斤），不如得季布一诺"，足下何以得此声于梁楚间哉？且仆楚人，足下亦楚人也。仆游扬足下之名于天下，顾不重邪？何足下距仆之深也！

（谦辞，称自己）

——《史记》

成语释义 许下的一个诺言有千金的价值。比喻说话算数，极有信用。

造　　句 我的父亲是一个一诺千金的人。

近 义 词 言而有信　一言九鼎

反 义 词 言而无信　轻言寡信

成语接龙

一诺千金 → _____ → 马耳东风 → 风平浪静 → 静极思动

→ 动人心弦 → 弦外之音 → _____ → 貌合神离 → _____

咬文嚼字

"一诺千金"和"千金一诺"

　　"一诺千金"和"千金一诺"这两个成语中前后两部分交换了一下位置，但意思没有什么变化，都是形容信用好，说话算数。在实际运用时，可以根据句子的音韵选用其中一个，同时也可以用"一诺值千金"，表达的意思也是一样的。

成语故事

秦朝末年，项羽与刘邦争夺天下。当时，在项羽手下有一个叫季布的人。季布是楚国人，为人十分仗义，在楚国很有名气。季布奉项羽之命领兵打仗，曾好几次献策，打败了刘邦的军队。后来，项羽被刘邦打败，刘邦悬赏千金捉拿季布。还好有敬慕季布的人从中斡旋，刘邦才赦免了季布，并且拜他为郎中。

季布的好名声还与一个叫曹丘生的人有关。曹丘生是一个能言善辩的人，他专爱结交有权势的官员，季布并不喜欢他。曹丘生却特意去拜访季布，并对他说："楚国流传着一句谚语，说'得到百斤黄金，也不如得到季布的一个承诺'。我是楚国人，您也是楚国人，我云游天下，会四处宣扬您的名声，您何必拒我于千里之外呢！"季布听了这话，心里高兴起来，便以贵宾之礼对待曹丘生。曹丘生后来继续替季布宣扬，季布的名声也就越来越大了。

文苑

一诺千金，以命承诺，舍身取义，义不容辞——这些中国文明中的有力的格言，都是经过了志士的鲜血浇灌以后，才如同淬火之后的铁，如同沉水之后的石一样，铸入了中国的精神。

——张承志

三人成虎

sān rén chéng hǔ

夫市之无虎明矣，然而三人言而成虎。今邯郸去大梁也远于市，而议臣者过于三人矣。愿王察之矣！

——《战国策》

成语释义 比喻说的人多了，就能使人们把谣言当作事实。

造 句 谣言止于智者，你可知道三人成虎的道理？

近 义 词 三人市虎 众口铄金

反 义 词 眼见为实

成语接龙

三人成虎 → 虎头蛇尾 → 尾生之信 → _____ → 来之不易

→ 易守难攻 → 攻城略地 → _____ → 长命百岁 → _____

咬文嚼字

"三人成虎"与"众口铄金"的异同

相似点： 都展现了人说话的力量。

差异性： 三人成虎——主要表示说谣言的人多了，就会让人把谣言当事实。

众口铄金——强调舆论的力量，也形容人多嘴杂，能混淆视听。

成语故事

　　战国时期，各诸侯国之间会订立盟约。为了让盟约更有约束力，一国经常会把太子送到另一国做人质。

　　魏国和赵国订立盟约后，魏王派大臣庞葱陪同太子到赵国去做人质。庞葱担心自己离开后会有人借机陷害自己，就对魏王说："大王，如果有一个人说街上有老虎，您信不信？"魏王说："我不信。"庞葱又问："如果有两个人说街上有老虎，您信不信？"魏王说："我有点半信半疑。"庞葱接着问："如果有三个人说街上有老虎，您信不信？"魏王迟疑地回答："那我就会信了。"

　　庞葱叹口气，说："大王，街上是不会有老虎的，但是有三个人这么说，您就相信了。赵国离我们这么远，对我有非议的人肯定不止三个，希望大王到时候听到别人议论我，能够明察啊！"魏王明白了庞葱的意思。

　　庞葱走了之后，果然有很多人对魏王说庞葱的坏话。魏王开始不信，然而，久而久之，魏王就真的相信了。等到庞葱回国后，他再也没有获得魏王的召见。

纸上谈兵的故事

　　战国时期，赵国的大将赵奢是一位良将，曾经以少胜多，大败秦军。赵奢有一个儿子叫赵括，赵括从小就熟读兵书，非常喜欢谈论军事，并且说得头头是道，别人都说不过他。赵括因此非常骄傲，认为自己很厉害，可以打遍天下无敌手。他的父亲赵奢看到他这样，很担忧，认为自己的儿子只是纸上谈兵，并无实战经验。赵奢还说："赵国若是不用他为将就算了，如果将来用他为将，一定会让赵军大败。"

　　公元前259年，秦军再次攻打赵国。这时，赵奢已经去世了，廉颇负责指挥全军。廉颇是一员老将，很擅长作战。于是，秦国施行了反间计。他们派人到赵国散布"秦军最害怕赵奢的儿子赵括将军"的谣言，所以赵王上当受骗，派赵括去前线替代了廉颇。在战场上，赵括照搬兵书上的条文，完全改变了廉颇的作战方案，结果赵军大败，他自己也死在了战场上。

语林小憩

一、根据要求，分别写出"口"字和"人"字在不同位置的成语。

口			
	口		
		口	
			口

人			
	人		
		人	
			人

二、很多成语中都包含数字，试着写出包含下列数字的成语。

一			
二			
三			
四			
五			
六			
七			
八			
九			
十			
百			
千			
万			

xiāo yǒng shàn zhàn
骁勇善战

其党辅国将军孙昙瓘骁勇善战，每荡一合，辄大杀伤，官军死者百余人。军主王天生殊死拒战，故得相持。

——《南齐书》

成语释义 指勇猛而又善于战斗。

造　　句 这个年轻的士兵骁勇善战，在这次战争中做出了很大的贡献。

近 义 词 有勇有谋

反 义 词 贪生怕死

成语接龙

骁勇善战 → 战无不胜 → 胜友如云 → ▢ → 海阔天空

→ 空古绝今 → 今非昔比 → ▢ → 是非曲直 → ▢

咬文嚼字

"骁勇"的"兄弟团"

"骁"这个字可以表示"良马"，但我们常用它来表示"勇猛矫健"的意思。与"骁勇善战"中的"骁勇"相近的词语还有很多，如"骁果""骁悍""骁劲""骁猛""骁武""骁雄"等。它们都表示勇猛的意思。

成语故事

孙昙瓘是南朝宋的一员猛将，"骁勇善战"这个成语说的就是他。他对兵法很有研究，作战勇猛，以善于舞动长矛跳跃来进攻敌人而闻名。

当时，太祖萧道成把持朝政，宰相袁粲起兵反抗。孙昙瓘率领骑兵援助袁粲，每冲杀一个回合，都给对方很大的杀伤力，官军死伤上百人。后来袁粲被打败了，孙昙瓘独自逃走时，被萧道成捕杀。

"骁勇善战第一人"孙昙瓘就此陨落。

劳苦功高

láo   kǔ   gōng   gāo

　　今沛公先破秦入咸阳，豪毛不敢有所近，封闭宫室，还军霸上，以待大王来。故遣将守关者，备他盗出入与非常也。劳苦而功高如此，未有封侯之赏，而听细说，欲诛有功之人。

　　　　　　　　　　　　　　　　——《史记》

成语释义　形容做事勤劳刻苦，功劳很大。多用以慰问和赞颂别人。

造　　句　人们都敬佩这位劳苦功高的模范。

近 义 词　功德无量

反 义 词　劳而无功　徒劳无益

成语接龙

劳苦功高 → 高头大马 → 马到功成 → 　　　　　 → 美中不足

→ 足智多谋 → 谋事在人，成事在天 → 　　　　　 → 　　　　　

咬文嚼字

"劳苦功高" 与 "丰功伟绩" 的异同

相似点：都表示功劳很大。

差异性：劳苦功高——指非常辛苦地做事，因而功劳很大。

　　　　　　丰功伟绩——只表示功劳很大，并没有说明是否辛苦。

成语故事

　　秦末，刘邦和项羽争夺天下。刘邦带领军队率先攻占了秦都咸阳。项羽率大军进驻鸿门，打算攻打刘邦。刘邦自觉承受不住项羽的攻击，就亲自到鸿门去见项羽，项羽设宴款待刘邦。宴会上，项羽的堂弟项庄拔剑起舞，想乘机刺杀刘邦。就在这时，刘邦的部将樊哙闯进了项羽的军帐，表现得十分勇武。项羽觉得樊哙是个壮士，就让人赏酒给他喝。

　　樊哙对项羽说："秦王就像虎狼一样残暴，人人都反对他。楚怀王曾经和将领们约定'谁先打败秦军攻入咸阳，谁就可以称王。'现在，刘邦先攻进了咸阳。但是他没有动用一点财产，而是封了秦宫，驻军霸上，等候您的到来。他十分辛劳，又吃了很多苦，立下这样的大功，没有得到赏赐，反而被您猜疑，您还想杀死他。这是在走亡秦的路啊！"项羽听了无言以对，也不好再动手了。

113

尽忠报国

jìn zhōng bào guó

> 方今贤戚之内，赵王最长，以亲以德，合膺重
> 寄。公等备受朝恩，当尽忠报国，奈何一旦欲以神器
> 假人！之仪有死而已，不能诬罔先帝。

> (受)

—— 《北史》

成语释义	竭尽忠心，报效国家。
造　　句	在战乱时代，涌现出了一批仁人志士，他们尽忠报国，实现着自己的价值。
近 义 词	精忠报国
反 义 词	卖国求荣

成语接龙

尽忠报国 → ▢ → 香车宝马 → 马放南山 → 山高水长

→ 长歌当哭 → ▢ → 得天独厚 → 厚德载物 → ▢

咬文嚼字

"尽忠报国"与"精忠报国"

　　"尽忠报国"与"精忠报国"这两个成语意思是相同的，都表示竭尽忠心，报效国家。"尽忠报国"出自《北史》，而"精忠报国"出自《喻世明言》，常用来形容岳飞的忠心。我们在使用"精忠报国"这个词的时候，一般是在说岳飞。

成语故事

南北朝时期，北周国力比较强大，多次到南方掠夺财物。周宣帝还随意发布命令，导致朝政混乱。当时北周有个刚正不阿的大臣叫颜之仪，他直言劝谏周宣帝，使得周宣帝对他很反感，还差点杀了他。幸好有其他大臣们求情，周宣帝才饶恕了他。

周宣帝当皇帝不到一年就驾崩了，年幼的周静帝继位。这时，大臣刘昉、郑译想让战功卓著的外戚杨坚做丞相，辅佐周静帝，就伪造了周宣帝的遗诏，要颜之仪签署发放。颜之仪坚决不从，还指着刘昉骂道："你们以前备受朝廷的恩惠，应当想着尽忠报国，现在却要把皇室大权送给别人！我颜之仪宁可死，也不欺骗、背叛先帝！"

刘昉见颜之仪不愿屈服，就替他签了遗诏。杨坚掌权后，就把颜之仪贬到西疆当郡守去了。

文苑

你别小看这个，我们待义军四起之时，老人家一点尽忠报国，再尽忠报国，灭此强虏。

——刘斯奋

的意思全靠它哩！

——曾朴

汗马之劳
hàn mǎ zhī láo

民之政计，皆就安利如辟危穷。今为之攻战，进则死于敌，退则死于诛(zhū)，则危矣。弃私家之事而必汗马之劳，家困而上弗论，则穷矣。

——《韩非子》

成语释义 本指作战时，战马奔驰导致大量出汗。后比喻战功或工作的成绩与辛劳。

造　　句 他当了班长后，为班级立下了汗马之劳。

成语接龙

汗马之劳 → 劳神费力 → ⬚ → 及瓜而代 → 代人受过
→ 过目不忘 → ⬚ → 义不容辞 → 辞微旨远 → ⬚

咬文嚼字

"汗马之劳"的"兄弟"多

古代文人在表示汗马之劳的意思时，分别使用了另外一些同义的词语，因而让"汗马之劳"一词有了很多"兄弟"，比如"汗马功劳""汗马功绩""汗马之绩""汗马之功""汗马勋劳"等。这些词语表达的意思基本都是一样的。

成语故事

韩非子是战国末期法家学派的代表人物，他强调以法治国，以利用人，为后世留下了大量言论及著作。其中就有一篇著名的散文——《五蠹》。在这篇散文中，韩非子指出：学者（钻研文献典籍的儒生）借着仁义道德的说教让君主不能专心以法治国；言谈者（到处游说的纵横家）捏造事实，编造谎言，图谋私利；带剑者（游侠刺客）肆意践踏国家各个部门颁发的禁令；患御者（逃避兵役的人）用钱贿赂权贵，逃避作战的劳苦；商工之民（商人和手工业者）侵犯、骗取农民的利益。这五类人都是五种危害国家的"蠹虫"（即蛀虫），如果不设法除掉他们，国家就不能兴盛。

其中韩非子分析了"患御者"出现的缘由："大多数人都追求安逸和私利，避开危险和穷苦。如果让人们去打仗，前进会被敌人杀死，后退要受军法处置，这很危险；让人们放弃个人的家庭，去承受作战的劳苦，而家里有困难时，君主不予过问，家里就会很穷困。穷困和危险交加，人们怎能不逃避呢？所以他们投靠私门贵族，求得免除兵役，这样一来，'患御者'就变多了。"

流芳百世
liú fāng bǎi shì

温性俭，每讌（同"宴"）惟下七奠柈茶果而已。然以雄武专朝，窥觎非望，或卧对亲僚曰："为尔寂寂，将为文景所笑。"众莫敢对。既而抚枕起曰："既不能流芳后世，不足复遗臭万载邪！"

——《晋书》

成语释义 指好的名声一直流传下去。也作"流芳后世"。
造　　句 开国先烈们的精神将会流芳百世。
近 义 词 流芳千古
反 义 词 遗臭万年

成语接龙

流芳百世 → 世外桃源 → ☐ → 长久之计 → 计日可待
→ 待人接物 → ☐ → 非亲非故 → 故步自封 → ☐

咬文嚼字

为何是"流芳"而不是"留芳"？

"流"和"留"读音相同，意义不同。"留"有"留存"的意思，乍看之下，似乎"留芳百世"才更合理，但实际上，在成语"流芳百世"中，"流"表示"流传"的意思，"芳"指代"好的名声"，整个成语的意思是好的名声流传到后世，而不是留到后世的意思。

成语故事

晋代时期，有一个人叫桓温，他是晋明帝的女婿，手握兵权，立下了很多战功。在生活上，他非常俭朴，每次宴饮只安排七个盘子装茶果。

然而，位高权重的他野心萌发，在朝中专横霸道，想独揽大权。一次，他躺在床上，忽然对亲信们说："司马懿的儿子司马昭和司马师当时都在朝中独揽大权。司马昭的儿子司马炎代魏称帝后，尊司马昭为文帝，司马师为景帝。我现在这样什么也不做，恐怕会被文帝和景帝笑话了。"身边的人听了都不敢说话。接着，桓温从床上坐起来，说："既然不能流芳后世，那我就要遗臭万年！"于是，之后他干了很多"不耻"之事。

文苑

及至听到名垂千古、谁都有未来，死去的人，也不例外，有的流芳百世，有的遗臭万年。

——李国文

流芳百世几句话，登时令人精神抖擞，生死全置度外，却又惟恐日后轮不到自己身上。

——李汝珍

鸿门一宴，千古流传

斗酒彘肩：形容英雄豪壮之气。

项王曰："壮士，赐之卮酒。"则与斗卮酒。哙拜谢，起，立而饮之。项王曰："赐之彘肩。"则与一生彘肩。樊哙覆其盾于地，加彘肩上，拔剑切而啖之。

——《史记·项羽本纪》

秋毫无犯：指军纪严明，丝毫不侵犯人民的利益。秋毫：鸟兽秋天新换的绒毛，比喻极细微的东西。

吾入关，秋毫不敢有所近，籍吏民，封府库，而待将军。

——《史记·项羽本纪》

项庄舞剑，意在沛公：项庄席间舞剑，企图刺杀刘邦。比喻说话和行动的真实意图别有所指。

今者项庄拔剑舞，其意常在沛公也。

——《史记·项羽本纪》

大行不顾细谨，大礼不辞小让：做大事的人不拘泥于小节，有大礼节的人不躲避小的责备。

人为刀俎，我为鱼肉：比喻生杀大权掌握在别人手里，自己处在被宰割的地位。刀俎：切割鱼肉用的刀和砧板。

沛公已出，项王使都尉陈平召沛公。沛公曰："今者出，未辞也，为之奈何？"樊哙曰："大行不顾细谨，大礼不辞小让。如今人方为刀俎，我为鱼肉，何辞为。"于是遂去。乃令张良留谢。

——《史记·项羽本纪》

语林小憩

一、找出下列成语中的错别字，并改正。

劳而无工　　错字：□　　　　改正：□

近忠报国　　错字：□　　　　改正：□

汉马之劳　　错字：□　　　　改正：□

留芳百世　　错字：□　　　　改正：□

二、成语接龙，比比谁更快。

· 以 逸 待 □
功 苦
高 在 □
一 下
直 口 □
鞭 加 马

· 感 激 不 □
忠
报 □
士 无 □
齐 管
里 巴 □
济 才
济

三、选择正确的选项。

1. "丰功伟绩"与"劳苦功高"的区别在于（　　）。

　A. "劳苦功高"表示的功劳大一些

　B. "丰功伟绩"并未说明是否辛苦

　C. 二者并无区别

2. "流芳后世"是哪位历史人物说的？（　　）

　A. 司马炎　　　B. 司马昭　　　C. 桓温

民不聊生

mín bù liáo shēng

鬼神孤伤，无所血食。人民不聊生，族类离散，流亡为仆妾者，盈满海内矣。

——《史记》

成语释义 人民无法生活下去。形容百姓的生活非常困苦。

造　　句 古时候，一旦发生战乱，就会民不聊生。

近 义 词 民穷财尽

反 义 词 丰衣足食

成语接龙

民不聊生 → 生生不息 → ☐☐☐☐ → 关怀备至 → 至高无上

→ 上善若水 → 水深火热 → ☐☐☐☐ → 天高云淡 → ☐☐☐☐

咬文嚼字

为何人民不"闲谈"生活？

"聊"字经常用来表示"闲谈"，比如"聊天""闲聊"。"民不聊生"难道是指人民没心思闲谈生活，所以很困苦吗？不是这样的。其实"聊"字还有"依赖、凭借"的意思，比如"聊赖"，表示精神上或者生活上的寄托。在"民不聊生"一词中，"聊"字就是这个意思，也就是说，人民没有赖以生存的根本了，很难活下去。

成语故事

战国后期，诸侯国之间频发战事。秦昭王命令大将白起联合韩国和魏国一起征伐楚国，但韩国和魏国借故没有出兵，秦军只得撤军回国。这让秦昭王非常气愤，不久后，他又扬言要伐楚。

当时，楚国的贵族春申君正在秦国游说。春申君听到秦昭王又要伐楚的消息后，就给秦昭王写了一封信，他说："秦国侵占了韩国和魏国的许多土地，也烧毁了两国许多宗庙。这两个国家的百姓很多都家破人亡，所以他们对秦国的仇恨很深。如果秦国不消灭他们，日后这两个国家肯定会成为秦国的隐患。因此，秦国应该与楚国联盟，一起去消灭韩国和魏国。"

秦昭王觉得春申君的建议很合理，就不再伐楚，而是派使者和楚国结成了盟国。

道不拾遗
dào bù shí yí

田者不侵畔，渔者不争隈(wēi)；道不拾遗，市不豫贾；城郭不关，邑无盗贼；鄙旅之人，相让以财；狗彘(zhì)吐菽(shū)粟(sù)于路，而无忿(fèn)争之心。

——《淮南子》

成语释义 财物遗失在路上，无人会据为己有。形容社会风气良好，人民安居乐业。

造　　句 他是一个很有能力的县令，在他的治理下，当地已经有了道不拾遗的民风。

近义词 路不拾遗

反义词 巧取豪夺

成语接龙

道不拾遗 → 遗臭万年 → _____ → 强加于人 → 人身攻击
→ 击中要害 → _____ → 马如游龙 → 龙争虎斗 → _____

咬文嚼字

"道"和"路"

"道"和"路"这两个字在表示"道路"这层意思的时候是同义词，在日常表述时常常可以互换。比如"道不拾遗"又可以说成"路不拾遗"。

124

远古时期，黄帝治理天下，身边有力牧和太山稽两位贤臣辅佐他。这两位贤臣十分用心，制定了一系列有效的措施，将国家治理得很好。

人们安居乐业，社会风气良好，种田的人不会去侵占别人的土地，打鱼的人不会去争夺很多的港湾；有人在路上丢失了东西，其他人不会据为己有；市场上没有欺骗别人的商人；城门不必关闭，偏僻的村镇也没有盗贼；边境上的行旅之人，也会互相转让财物；猪和狗都会把食物吐在路上，没有争斗之心。

这是《淮南子》中记载的远古时期人们的生活情况。

宾至如归
bīn zhì rú guī

公不留宾，而亦无废事，忧乐同之，事则巡之，教其不知，而恤其不足。宾至如归，无宁灾患？不畏寇盗，而亦不患燥湿。

——《左传》

成语释义 客人到了这里，就好像回到自己家一样。形容主人待客热情周到。

造　　句 我们招待客人时，要让他们有宾至如归的感觉。

近 义 词 无微不至

反 义 词 冷若冰霜　漠不关心

成语接龙

宾至如归 → □□□□ → 箭无虚发 → 发号施令 → 令人发指
→ 指鹿为马 → 马革裹尸 → 尸横遍野 → □□□□ → □□□□

咬文嚼字

不可"'兵'至如归"

　　"宾"和"兵"的字形相近，读音只有前后鼻音的区别。有的同学在写"宾至如归"的时候，会写成"兵至如归"，这是因为没有完全理解成语的意思。"宾至如归"的意思是"客人来到了这里，就像回到了家一样"。"宾"是宾客、客人的意思。而"兵"一般指的是士兵，在成语中显然是不合适的。

成语故事

春秋时期，郑国的子产陪同郑简公出访晋国，但晋国国君没有接见他们。子产一气之下就命人把他们所住的客栈的围墙拆掉，让马车进出。晋国的大夫士文伯很不高兴，责备子产："我国为了保证宾客的安全，才在客栈四周修了高高的围墙。你们现在拆了墙，宾客的安全怎么保证？"子产便说："我们郑国很小，费尽力气搜寻国内的财礼前来进贡，但是贵国国君没空接见我们。我们既不敢冒昧地呈上财物，又不敢让这些财物放在露天环境中暴晒。我听说，以前晋文公做盟主时，自己住的宫室很小，诸侯住的客栈很大。而且他在接待诸侯来宾时，十分热情周到，让来宾就像回到自己家一样。现在，你们的宫室很宽广，客栈却很小，连车子都进不去。我们来了也不知什么时候才能被接见，如果不拆掉围墙，就没有地方收藏财礼，我们能怎么办呢？"

晋国国君听说了这件事之后，自觉理亏，所以立刻下令动工，重修客栈。

同舟共济

tóng zhōu gòng jì

夫吴人与越人相恶也，当其同舟而济，遇风，其相救也如左右手。是故方马埋轮，未足恃也；齐勇若一，政之道也；刚柔皆得，地之理也。故善用兵者，携手若使一人，不得已也。

——《孙子兵法》

成语释义 坐一条船，共同渡河。比喻团结互助，同心协力，战胜困难。也比喻利害相同。

造　　句 同舟共济海让路，我们要团结一心，共克难关。

近 义 词 患难与共　风雨同舟

反 义 词 反目成仇　各行其是

成语接龙

同舟共济 → 济困扶危 → 危言危行 → _____ → 木已成舟 → 舟车之苦 → 苦口婆心 → _____ → 快人快语 → _____

咬文嚼字

何必"同舟共'挤'"

"济"有"过河、渡"的意思。"同舟共济"指大家在一条船上，一起过河，比喻处于相同境地要互相帮助。如果写了错别字，写成"同舟共挤"，变成大家在一条船上挤来挤去，那就贻笑大方了。

128

成语故事

孙武是春秋时期的著名军事家。他领兵打仗，战无不胜，还写了一本书叫《孙子兵法》，这本书被誉为"兵学圣典"。

一次，有人问孙武："怎样布阵才能不被敌人击败？"他回答："你打蛇的脑袋，它会用尾巴反击你；打蛇的尾巴，它又会用头部来袭击你；打蛇的腰部，它就会用头尾一齐来攻击你。所以，把军队摆成蛇一样的阵势，才能互相救援，使全军形成一个整体。"

那人又产生了疑问："士兵会像蛇一样互相照应吗？"

孙武说："可以的。就像两个仇人同乘一条船渡海时，遇到了风暴也会同心协力一样，战场上的士兵们也会同心协力地对抗敌人。所以军队必然会像蛇一样成为一个整体，首尾相顾，彼此救援。"

这个人听了孙武的话之后，觉得非常有道理，更加佩服孙武了。

如火如荼
_{rú huǒ rú tú}

万人以为方阵，皆白裳、白旂（qí）、素甲、白羽之矰（zēng）
（系着丝绳的短箭），望之如荼（tú）。王亲秉钺（yuè），载白旗以中陈而立。左军
亦如之，皆赤裳、赤旟（yú）、丹甲、朱羽之矰，望之如火。

——《国语》

成语释义 像火那样红，像荼那样白。原比喻军容之盛，现用来形
容大规模的行动气势旺盛，气氛热烈。

造　　句 学校里的"学雷锋"活动开展得如火如荼。

近 义 词 轰轰烈烈

反 义 词 无声无息

找 规 律 如痴如醉　如切如磋　如泣如诉　如诗如画

成语接龙

如火如荼 → 荼毒生灵 → ☐☐☐☐ → 动辄得咎 → 咎由自取

→ 取信于民 → ☐☐☐☐ → 生龙活虎 → 虎口拔牙 → ☐☐☐☐

咬文嚼字

"如火如'荼'"太可笑

　　"如火如荼"这个成语经常被看成或写成"如火如茶"，实在
引人发笑。"荼"指的是茅草的花，这种花是白色的。在"如火如
荼"中，"荼"与"火"表示白色和红色两种颜色的意象，形成了
对应。如果误写成"如火如茶"，那就变成了"像火一样，像茶一
样"，使成语完全变了味。

成语故事

春秋后期，吴国的国力逐渐强盛。吴王夫差连续征服了越国、鲁国和齐国。他野心勃勃，打算继续征服晋国。

这时，越王勾践带领军队打到了吴国的姑苏城，断了吴王的退路。吴王夫差决定先收拾晋国，再回头去打越王勾践。夫差和臣子商议之后，打算出奇制胜。

夫差在一夜之间把带来的三万军队分成左、中、右三路，每路百行，每行百人，各摆成一个方阵。中军全都身穿白色战袍，举着白色旗帜，远远望去好像一片开满白花的茅草地；左军全都身穿红色战袍，举着红色旗帜，远远望去好像一片熊熊烈火；右军则全是黑色，犹如一片黑压压的乌云。这样盛大的三路大军，吓得晋军大惊，不敢出来应战，便答应让吴王夫差成为盟主。

战国四公子

　　"战国四公子"指齐国的孟尝君田文、赵国的平原君赵胜、魏国的信陵君魏无忌和楚国的春申君黄歇，与这四人相关的成语故事有很多。

　　鸡鸣狗盗：战国时，孟尝君被秦国扣留。他的一个门客装作狗，在夜里潜入秦宫，偷出了已经献给秦王的狐白裘，转献给秦王的爱姬，才让他得以释放。释放后，孟尝君连夜逃到函谷关，此时城门紧闭，他的另一个门客学公鸡打鸣，守门士兵以为天亮了，打开了城门。孟尝君这才脱险逃回齐国。后用"鸡鸣狗盗"指低贱卑下的技能或行为。

　　冯欢弹铗：冯欢是孟尝君的门客，他怀才不遇，满腹牢骚，多次弹铗而歌，向孟尝君提出要求，孟尝君全都满足了他。最后冯欢看出孟尝君值得跟随，不再弹铗，尽心为孟尝君办事，成了著名的门客。后用"冯欢弹铗"指怀才不遇或有才能的人希望得到恩遇。

　　毛遂自荐：战国时，秦兵围攻赵国，平原君到楚国去求救。他的门客毛遂便自荐前往，并说服楚王同意赵楚合纵。后用"毛遂自荐"比喻自告奋勇或自我推荐去做某事。

　　天下无双：信陵君魏无忌窃符救赵后，怕哥哥魏王怪罪，就跑到赵国避居。赵国有一个经常赌博的毛公和一个整日醉酒的薛公。这两个人都是不出仕的贤人，魏无忌常和他们交游。平原君知道后，就对自己的妻子说："我听说夫人的弟弟魏公子是个天下无双的大贤人，可他竟然和那赌徒、酒鬼交往，真是个无知妄为的人。"魏无忌知道这番评论后，认为平原君不求贤能，不值得结交，就打算整理行装离去。后用"天下无双"形容出类拔萃，独一无二。

　　无妄之灾：春申君在楚国身为国相，大权在握。有一个人和春申君说："您虽然现在大权在握，但是人在世上总会有不测之福，无妄之灾。"春申君不以为意。后来，在楚考烈王的葬礼上，春申君果然被人谋杀了。后用"无妄之灾"指意外的灾祸。

语林小憩

一、按照下面的成语的格式，再写出几个类似的成语。

   1. 例：民不聊生   道不拾遗

   2. 例：如火如荼

二、找出下列成语中的错别字，更正后写在方框里。

同舟共挤   虎口拨牙

兵至如归   动辙得咎

各行其事   关怀倍至

无微不致   强加予人

三、试试看，你能从中找出几个成语。

民	同	妄	聊	鸡
如	毛	荼	介	不
鸣	舟	无	拾	宾
道	遂	不	宾	臭
万	之	生	危	如
火	自	木	至	将

旗鼓相当
qí gǔ xiāng dāng

如令子阳到汉中、三辅，愿因将军兵马，鼓旗相当。倘肯如言，蒙天之福，即智士计功割地之秋也。

——《后汉书》

成语释义 比喻双方力量不相上下。

造　　句 这两支队伍旗鼓相当，今天的比赛可以说十分精彩。

近 义 词 势均力敌

反 义 词 天差地别　天壤之别

成语接龙

旗鼓相当 → 当仁不让 → 让逸竞劳 → 劳力费心 → ☐

→ 快步如飞 → 飞沙走石 → 石破天惊 → ☐ → ☐

咬文嚼字

"旗鼓相当"与"半斤八两"的异同

旗鼓相当　　　　　半斤八两

比喻双方能力不相上下，多为褒义。　双方的力量差不多。　比喻彼此一样，多为贬义。

　　刘秀刚建立东汉的时候，隗嚣在甘肃一带自称上将军，公孙述在四川一带自称皇帝，双方的势力都不小，对东汉王朝构成了严重威胁。刘秀便打算拉拢隗嚣，孤立公孙述。

　　吕鲔在陈仓发动叛乱，与公孙述联合出兵，侵犯汉中。这时，隗嚣率领大军及时赶来，帮助征西大将军冯异进行迎击，将叛军杀得大败而逃。

　　刘秀得知这一情况，很高兴地写了一封措辞委婉的信给隗嚣，夸赞隗嚣的作为，并希望隗嚣能与汉军联合起来共同对付公孙述。刘秀在信中说："我很敬慕你的德义，想与你结交。现在，我的兵力比较薄弱，希望能借用将军的兵马，这样便能与公孙述旗鼓相当了。"

　　隗嚣接受了刘秀的建议。不久后，公孙述几次出兵，都被隗嚣打败了。

不可同日而语
bù kě tóng rì ér yǔ

诸侯之地五倍于秦，料诸侯之卒十倍于秦，六国并力为一，西面而攻秦，秦破必矣。今见破于秦，西面而事之，见臣于秦。夫破人之与破于人也，臣人之与臣于人也，岂可同日而言之哉！

——《战国策》

成语释义 不能放在同一时间谈论。形容不能相提并论，不能相比。
造 句 他的成绩只是中等水平，但与以前相比不可同日而语了。
近 义 词 士别三日，刮目相看 日新月异
反 义 词 相提并论

成语接龙

不可同日而语 → ☐☐☐☐ → 长篇大论 → 论功行赏
→ 赏罚分明 → 明争暗斗 → ☐☐☐☐ → 扬眉吐气 → ☐☐☐☐

咬文嚼字

"不可同日而语"与"士别三日，刮目相看"的异同

相似点：都表示现在与以前有所不同，要用新的眼光来看待。
差异性：不可同日而语——可以指人，也可以指物或者环境等的变化，并不强调变化是好的还是坏的。
士别三日，刮目相看——一般指人，特指人往好的方向发展。

成语故事

战国后期，秦国经过商鞅变法之后，国力大增，战胜了其他六国。于是秦王想吞并六国，统一天下。当时有个纵横家叫苏秦，他游说六国，主张诸侯联合拒秦。

苏秦到了赵国，与赵肃侯详细分析了赵国和其他诸侯国的关系："秦国早就有吞并赵国的想法了，只是因为有韩、魏两国做屏障，难以入侵。如果韩、魏两国向秦国投降，赵国就保不住了。"

赵肃侯认为苏秦的话有道理，便问："那我该怎么办呢？"苏秦回答："我建议六国联合起来一起对抗秦国。六国的实力加起来比秦国强多了，只要六国齐心合力，一定能打败秦国。只是，如今各国却向秦国割地求和，低头称臣。打败别人和被别人打败，让别人向自己称臣和自己向别人称臣，这两种境遇不可同日而语啊！"

赵肃侯认同苏秦的主张，就给了苏秦很多赏赐，让他去游说其他诸侯国加入合纵联盟。

文苑

以绵绳挂之，击之，其清越之声，余韵悠扬。正如淳风之说，与世所见水苍玉不可同日而语。

——张邦基

曾沧海一面走，一面观看那新发达的市面，以及种种都市化的娱乐，便想到现在挣钱的法门比起他做『土皇帝』的当年来，真是不可同日而语了。

——茅盾

137

举棋不定
jǔ qí bú dìng

今宁子视君不如弈棋，其何以免乎？弈者举棋不定，不胜其耦。而况置君而弗定乎？必不免矣。九世之卿族，一举而灭之。可哀也哉！

（匹敌之人）

——《左传》

成语释义 拿着棋子，不知下哪一步才好。比喻犹豫不决，拿不定主意。

造　　句 他的性格优柔寡断，办事时总是举棋不定。

近 义 词 犹豫不决　优柔寡断

反 义 词 斩钉截铁　当机立断

成语接龙

举棋不定 → 定于一尊 → [　　　　] → 幼学壮行 → 行云流水

→ 水到渠成 → [　　　　] → 万籁俱寂 → 寂然无声 → [　　　　]

咬文嚼字

"举棋不定"与"优柔寡断"的异同

举棋不定　　　　　优柔寡断

指拿不定主意。

指在做某一件事时，犹豫不决。

指一个人的脾气秉性缺乏决断。

成语故事

　　春秋时期，卫国的大夫孙林父和宁惠子发动政变，驱逐了卫献公，立他人当了卫国国君。卫献公只能流亡到齐国避难。十多年后，宁惠子去世，他的儿子宁喜接替了父亲，执掌卫国的政权。卫献公就派人与宁喜联系，想要恢复自己的君王之位。宁喜居然答应了卫献公。

　　大夫公叔文子听到这个消息，不由得哀叹起来："宁喜这样做必然会带来祸患，并且会殃及子孙。君子做决定的时候要考虑结果，想好下一步该怎么做。现在宁喜对待国君的废与立也太不认真了，就像下棋的人拿着棋子犹豫不决，左摇右摆，没有定数，这样怎么能行呢！宁家恐怕要遭难了。"

　　后来，宁喜不听劝说，迎回了卫献公，反而被其所害。

模棱两可

mó léng liǎng kě

尝谓人曰："处事不欲决断明白，若有错误，必贻咎谴，但摸棱以持两端可矣。"时人由是号为"苏摸棱"。

——《旧唐书》

成语释义 指不表示明确的态度，或没有明确的主张。模棱：指态度、意见等模糊、不明确。

造　　句 他就会说些模棱两可的话来糊弄我们。

近义词 不置可否　模棱两端

反义词 旗帜鲜明

成语接龙

模棱两可 → 可有可无 → _____ → 重于泰山 → 山重水复 → 复礼克己 → 己所不欲，勿施于人 → _____ → _____

咬文嚼字

"模'棱'两可"别读错

"模棱两可"中的"棱"有多个读音，可以读"lēng""léng"，还可以读"líng"。在这里，"棱"的正确读音是"léng"，它表示物体上不同方向的两个平面连接的部分，比如长方体就有十二条棱。

成语故事

　　唐朝前期，有一个读书人叫苏味道，他文采不错，小有名气，并且仕途顺利，官运亨通，做了几年的宰相。不过，他当官的时候并没有做出什么突出的成绩。

　　原因在于，苏味道是一个处事很圆滑的人。他为人世故，办事总是缺乏决断，他觉得这样也好，那样也行，没有一个明确的态度。他曾说过这样一句话："处理事情不要明白地说出自己的意见，否则，出了错就要后悔不及，能够'摸棱以持两端'为最好。"这句话将他的处世之道展现得淋漓尽致。不过，他这种自以为很聪明的处世哲学并不被人们赞赏。后来，他犯了错，被人告发，被贬到四川眉州去了。

文苑

　　孩儿因母亲年高，倘辛楣没料到毕业考遇意外之事，必甚伤感，故愿二弟危行言逊，以尽人子之心，如何敢教他模棱两可，为名教中罪人呢？

　　——夏敬渠

　　试以后，会有这一次的考试，十九年的小考大考训练成一套虚虚实实、模棱两可的回答本领，现在全荒疏了。

　　——钱锺书

朝秦暮楚

zhāo qín mù chǔ

> 战国异甚，士一切趋利邀合，朝秦而暮楚不耻，无春秋时诸大夫事业矣。
>
> ——《海陵集序》

成语释义 时而倾向秦国，时而倾向楚国。比喻反复无常。

造　　句 我们不能做一个朝秦暮楚的人，而要坚定地向着目标奋斗。

近 义 词 反复无常　朝三暮四

反 义 词 忠贞不渝　始终不渝

成语接龙

朝秦暮楚 → 楚楚可怜 → ⬚⬚⬚⬚ → 玉石俱焚 → 焚琴煮鹤

→ 鹤立鸡群 → 群龙无首 → ⬚⬚⬚⬚ → 冲口而出 → ⬚⬚⬚⬚

咬文嚼字

"朝秦暮楚" 与 "朝三暮四"

　　我们现在使用"朝秦暮楚"和"朝三暮四"时，表示的意思是差不多的，大都是指责那些见风使舵、反复无常、随波逐流的行为。然而，"朝三暮四"和"朝秦暮楚"的原义是不同的。

　　"朝三暮四"讲的是养猴人用"朝三暮四"和"朝四暮三"的喂食方法来骗猴子，原本是指玩弄手法欺骗人，后来才用于比喻常常变卦，反复无常。

成语故事

　　战国时期，有七个比较大的诸侯国：秦、魏、韩、赵、楚、燕、齐，这七个国家被称为"战国七雄"。在这七个国家中，秦国和楚国的国力相对来说要更强盛一些。于是，魏、韩、赵、燕、齐等国家就会根据自己国家的利益，有时倾向于秦国，有时倾向于楚国，立场游移不定，态度变化无常。除了这些国家，当时还有很多政治方面的说客，他们奔走于诸国之间进行游说，时而替秦国出谋，时而替楚国划策，以谋求自己的利益。这就是"朝秦暮楚"这个成语的由来。

常用的六字成语

五十步笑百步：比喻自己和别人有同样的缺点或错误，只是程度上轻一些，却自以为优越而讥笑别人。

水至清则无鱼：水太清了，鱼便不能活。比喻过分苛求他人，就没人愿意与之交往了。

出淤泥而不染：指莲花由水底的烂泥中长出，却依然清新、美丽。比喻一个人的言行有自己的原则，不会受周围环境的影响。

百思不得其解：百般思索也无法理解。

风马牛不相及：本指齐楚相距很远，即使牝牡相诱，不同类的马和牛也不会碰到一起。比喻事物彼此毫不相干。

可望而不可即：能望见，但达不到或不能接近。常形容看似能达到，实际上很难达到。

化干戈为玉帛：比喻变战争为和平，或者变争斗为友好。

喜怒不形于色：高兴和恼怒都不表现在脸色上。指人沉着且富有涵养，感情不外露。

百闻不如一见：听百次不如见一次。表示眼见比耳听靠得住。

有眼不识泰山：比喻见识浅薄，看不出才高、位高及有价值的人。

井水不犯河水：比喻互不干扰，两不相犯。

语林小憩

一、观察下列成语的特点，并补全成语。

| | | 不定 | | | 不定 | | | 不定 |

不可 | | | | | 不可 | | | | 不可 | | |

朝 | 暮 | | 朝 | 暮 | | 朝 | 暮 | |

二、填字游戏。

旗		相				不	
为		不	仁				
			不	可		而	
				舟		同	
				共			
		人	才				
			世				
数	不		数				
	天			才	高		

三、试着写出几个六字成语。

| | | | | | | | | | | | | |

| | | | | | | | | | | | | |

| | | | | | | | | | | | | |

渐入佳境

_{jiàn rù jiā jìng}

恺之每食甘蔗，恒自尾至本。人或怪之。云："渐入佳境。"

——《晋书》

成语释义 比喻境况逐渐好转或兴趣逐渐浓厚。

造　　句 他坚持练了半年的字之后，书法渐入佳境。

近 义 词 渐至佳境

反 义 词 急转直下

成语接龙

渐入佳境 → 镜花水月 → 月落星沉 → [　　　] → 言传身教

→ 教学相长 → 长幼尊卑 → [　　　] → 膝行肘步 → [　　　]

咬文嚼字

"渐入佳境"与"引人入胜"的异同

相似点： 都形容达到美妙的境地。

差异性： 渐入佳境——有逐渐深入进而达到美妙的境地的意思。除了形容风景，还形容情趣或者境况。

引人入胜——没有"逐渐"的意思，强调吸引人，让人沉醉，多指山水风景或文艺作品。

成语故事

顾恺之是东晋时期著名的画家、诗人。他年轻的时候，曾经做过大司马桓温的参军，两人关系很好。

有一次，顾恺之随桓温一起去江陵。江陵的官员前来拜见时，送来很多当地的特产——甘蔗，桓温便让大家都尝尝。大家都拿着甘蔗吃了起来，而顾恺之却独自欣赏着江景出神。桓温见了，就想和顾恺之开个玩笑，他挑了一根甘蔗，走到顾恺之面前，故意把甘蔗末梢的那端塞到顾恺之手里。顾恺之看都没看就吃了起来，周围的人看到顾恺之的这个样子，都笑了起来。顾恺之这才回过神来，他镇定地说："吃甘蔗，就应该从末梢吃起，这叫'渐入佳境'！"

据史书记载，顾恺之后来每次吃甘蔗时都从末梢吃起，竟然成了名士的风范，还有不少人效仿他的吃法呢！

文苑

今日忽然现出若花二字，莫非从此渐入佳境，倒要留意了。

——李汝珍

我初读此书，翻阅第一回，觉得没味，便掠在一旁，隔了多日，偶然再翻第二回，却觉得渐入佳境，后来竟至不能释手。

——朱自清

死灰复燃

_{sǐ huī fù rán}

其后安国坐法抵罪，蒙狱吏田甲辱安国。安国曰："死灰独不复然乎？"田甲曰："然即溺_{nì}之。"居无何，梁内史缺，汉使使者拜安国为梁内史，起徒中为二千石。田甲亡走。

——《史记》

成语释义 冷灰重新烧了起来。原比喻失势的人重新得势，现常比喻已经消失了的恶势力又重新活动起来，含贬义。

造　　句 我们决不能让封建迷信等落后思想死灰复燃。

近义词 起死回生　卷土重来

反义词 灰飞烟灭　石沉大海

成语接龙

死灰复燃 → 燃眉之急 → _____ → 智勇双全 → 全心全意
→ 意气风发 → 发人深思 → 思前想后 → _____ → _____

咬文嚼字

死灰复燃，别忘了"火"

很多同学在写"死灰复燃"的时候会写成"死灰复然"，忘记在"然"字旁边加"火"字旁。如果对成语的意义领悟到位了，就不会犯这样的错误。这个成语说的是已经熄灭的灰烬又重新燃烧起来，没有"火"，怎么燃呢？

成语故事

西汉时期，韩安国是梁国梁孝王的中大夫，他很聪明，名声显赫。后来，韩安国因犯法而服刑，被蒙县的狱吏田甲侮辱。韩安国对田甲说："死灰难道不会再燃烧起来了吗？"田甲说："如果又燃烧起来，我就用尿浇灭它。"

没过多久，梁国缺少内史，汉朝廷派使者任命韩安国为梁内史。于是，韩安国从一个囚徒变成了享受两千石俸禄的官员。田甲听到这个消息后，立刻逃走了。韩安国差人给他带话："田甲要是不回来履行官职，我就灭他的族。"田甲只能回来，他脱了上衣向韩安国请罪。韩安国笑着对田甲说："你可以撒尿了！像你这样的人还值得我惩治吗？"最后，韩安国宽恕了田甲。

文苑

七郎听到此处，真个是死灰复燃，不觉眉欢眼笑起来，感谢不已。

——李渔

他以屡经败亡之余烬，竟能死灰复燃，突然壮大声势，蹂躏中原，此人必有过人的地方，万万不可轻视。

——姚雪垠

强弩之末

汉数千里争利，则人马罢，虏以全制其敝。且强弩之极，矢不能穿鲁缟；冲风之末，力不能漂鸿毛。非初不劲，末力衰也。

——《史记》

成语释义 强弩所发的箭已达射程的最远处。比喻强大的力量已经衰弱，起不了什么作用。

造　　句 他已经是强弩之末了，我们离胜利不远了。

近 义 词 师老兵疲

反 义 词 势不可挡　势如破竹

成语接龙

强弩之末 → 末节细行 → 　　　　　 → 肉眼凡夫 → 夫唱妇随

→ 随心所欲 → 　　　　　 → 能者多劳 → 劳心费力 → 　　　　　

咬文嚼字

弩是什么？

　　"强弩之末"的"弩"字我们在平时很少使用，有的同学或许还会误写成"努"或者"弩"之类的形近字。"弩"指的是古代用来射箭的一种冷兵器，是利用机械力量射箭的弓，因此这个字的下面是"弓"。我们理解到位后就不会写错了。

成语故事

　　"强弩之末"这个成语也与韩安国有关。梁孝王去世后，恭王即位。此时，韩安国因为犯法丢了官，闲居在家。后来，他受武安侯田蚡举荐，被召去担任北地都尉，之后又担任了御史大夫。

　　当时，匈奴派人来汉王朝请求和亲，皇上令朝臣们讨论这件事。大臣中有个叫王恢的，对于匈奴的情况比较了解。他反对和亲，建议攻打匈奴，韩安国不赞同他的观点，说："我们要派军队去千里之外作战，很难取得胜利。匈奴现在军马充足，而汉军要到几千里以外去争夺利益，会人马疲惫。就好比射出的箭矢飞行到最后，没有力量时，连最薄的白绢也射不穿；强风吹到最后，也不会有吹起雁毛的力量。这并不是表示它们开始时力量不强，而是到了最后时，力量衰竭了。所以我们发兵攻打匈奴实在不利，不如和亲。"群臣大多认可韩安国的说法，于是，皇上就同意与匈奴和亲了。

不翼而飞
bú yì ér fēi

今君虽幸于王，不过父子之亲；军吏虽贱，不卑于守闾妪。且君擅主轻下之日久矣。闻"三人成虎，十夫揉椎。众口所移，毋翼而飞。"故曰，不如赐军吏而礼之。

——《战国策》

成语释义 没有翅膀却飞走了。比喻物品忽然丢失，也比喻事情传播得很迅速。

造　　句 等我吃完饭回到教室，发现课桌上的书不翼而飞了。

近 义 词 不胫而走

反 义 词 原封不动

成语接龙

不翼而飞 → 飞檐走壁 → 壁垒森严 → ＿＿＿＿ → 待价而沽

→ 沽名钓誉 → 誉过其实 → ＿＿＿＿ → 是非曲直 → ＿＿＿＿

咬文嚼字

"不翼而飞"与"不胫而走"的异同

　　不翼而飞　　　　　　　不胫而走

表示某件物品突然不见了。　表示事情、消息迅速传开。　比喻事物无需推行，就已迅速地传播开去。

152

成语故事

战国时期，大将王稽被秦王派去攻打赵国的都城邯郸，一连打了十几个月也没打下来，这让他非常苦恼。有个叫庄的人就向王稽献计，说："如果您犒赏部下的话，就能鼓舞他们的斗志，这样就容易攻破邯郸了。"王稽却傲慢地说："我和君王互相信任。我只听君王的命令，别人的话起不了什么作用。"

庄说道："您这样想是不对的。就算是父亲给儿子下命令，也会有的可行，有的不可行。我听闻，三个人说有老虎，大家就会相信有老虎；十个人合力去弯一个木槌，也能把木槌弄弯；众人都这样说，那么事物也会迁移变化。消息没有翅膀也会飞得很远，这说明众人的力量是巨大的。因此，您还是犒赏一下将士们吧！"

可王稽依然不听庄的意见。几天之后，秦军中有人回到秦国，控告王稽谋反。秦王大怒，严厉地处罚了王稽。

文苑

他还没明白过来是怎么回事，烧饼油条已经不翼而飞了。

——老舍

大家分头割了许多草，沤在坑里，可是不过一顿饭的工夫，沤的青草都不翼而飞，大概是给拿去喂牛了。

——杨绛

势 如 破 竹

shì rú pò zhú

昔乐毅藉济西一战以并强齐，今兵威已振，譬如破竹，数节之后，皆迎刃而解，无复著手处也。

——《晋书》

成语释义 形势就像劈竹子，头几节破开以后，下面各节顺着刀势就分开了。比喻节节胜利，毫无阻碍。

造 句 霍去病率领的军队可谓是势如破竹，敌人望风而逃。

近 义 词 势不可当 所向披靡

反 义 词 坚不可摧

成语接龙

势如破竹 → 竹篮打水 → ⬚ → 出生入死 → 死里逃生

→ 生花妙笔 → 笔扫千军 → 军令如山 → ⬚ → ⬚

咬文嚼字

"势如破竹"与"势不可当"的异同

相似点：都形容势头迅猛。

差异性：势如破竹——主要强调作战或工作十分顺利，毫无阻碍。

势不可当——主要强调来势十分迅猛，无法抵挡。

成语故事

　　三国末期，司马炎逼迫魏元帝曹奂禅让，成为晋武帝，准备出兵攻打东吴。他召集大臣们一起商议这件事。大多数大臣认为，吴国有一定的实力，再加上长江水势暴涨，想要取胜恐怕不容易，不如再准备一下。

　　大将杜预却持相反意见，他说："现在我军士气高涨，斗志正旺，不断胜利，势头就像用快刀劈竹子一样，劈过几节后竹子就迎刃破裂。所以我们一举攻击吴国不会再费多大力气了！"晋武帝采纳了杜预的建议。后来，晋朝大军在杜预的率领下，迅速攻占了建业，灭了吴国。

成语中的修辞手法

一、比喻

恩重如山	冷若冰霜	呆若木鸡	挥汗如雨	浩如烟海
轻如鸿毛	如狼似虎	如花似玉	如饥似渴	温润如玉
多如牛毛	目光如炬	口若悬河	挥金如土	归心似箭

二、拟人

| 鸟语花香 | 鸦雀无声 | 花枝招展 | 烘云托月 | 龙争虎斗 |
| 风卷残云 | 春风得意 | 风木含悲 | 燕妒莺惭 | 闭月羞花 |

三、夸张

震耳欲聋	望眼欲穿	翻天覆地	一手遮天	气吞山河
人山人海	天衣无缝	度日如年	一字千金	胆大包天
一步登天	垂涎三尺	高耸入云	寸步难行	一目十行

四、反问

| 岂有此理 | 不入虎穴，焉得虎子 | 皮之不存，毛将焉附 |
| 塞翁失马，焉知非福 | 人非圣贤，孰能无过 |

五、回环

来者不善，善者不来　　人不犯我，我不犯人　　用人不疑，疑人不用

根据给出的提示，补全下列成语。

□□之□	□□之□	□□之□
□之□□	□之□□	□之□□
□□而□	□□而□	□□而□
□而□□	□而□□	□而□□